脸的自传

［爱尔兰］露西·格雷利 著
汪丽 译

Autobiography

of

a Face

Lucy Grealy

山西出版传媒集团
山西人民出版社

《脸的自传》所获赞誉：

这是一本有关形象的书，一本讲述美丽的面孔对人施加暴虐的书（其实，哪怕是令人愉悦的平凡面孔，也会如此）。最终，与其说书中的这种暴虐被推翻了，倒不如说它是被无视了。

——《纽约时报书评》

《脸的自传》以一种既引人入胜又极富洞察力的语调写就，它带给读者的似乎也是一些与他们切身的生活息息相关的东西。"

——《巴尔的摩太阳报》

文内闪耀着……机敏与智慧，始终贯穿这本非凡之作的，还有一种不可战胜的人类精神。

——《女士》（*Mademoiselle*）杂志

尽管格雷利的个人经历非比寻常，但这本书的叙述却十分动人,因为人人都曾有过这种感受——因为自己身材或形象的不完美而招致的羞愤和自我怀疑。

——《她》(*Elle*)杂志

本书带有童话般的逻辑,仿佛这是为了有意弥补作者那近乎无法承受的命运,众神还赋予了这位年轻女子以非凡的感知力和语言天赋。读完这本《脸的自传》后,你的知觉意识会在不知不觉中得到提升。

——《米拉贝拉》(*Mirabella*)杂志

令人惊叹的杰作!格雷利以二十分之一的生存概率战胜了癌症病魔,但是,在一个以容貌来衡量女性价值的世界中,作者又要应对多少恐怖呢!与此相比,抗争病魔似乎是微不足道的。这本书富有洞察力,文笔优美,它也提醒我们,我们自身的"美丽"并不总是能被他人看到。

——《十七岁》(*Seventeen*)杂志

这位诗人具有驾驭悲情的能力,她能将个人的痛苦转化为普遍的真理,所有这些,都让本书成了一个强有力的明证,它表明,人类之精神是不可战胜的。

——《底特律自由报》

一部异常美丽的回忆录。露西·格雷利以其极其优雅的散文笔触，描述了痛苦的孤独、童年的困惑，以及对她那张慢慢畸变的脸的延缓式震惊，但她的书写中又不乏一种精妙但绝不会错过的智慧。这本书既优雅端庄，又充满了令人难以置信的快乐精神。我爱这本书。

——凯萨琳·辛恩（Cathleen Schine），

小说《西港的魏斯曼一家三口》

（*The Three Weissmanns of Westport*）的作者

《脸的自传》讲述的是世上最痛苦的主题——儿童的受难，但它同时也关乎道德勇气，成长的艰苦斗争，以及一位作家灵魂的缓慢呈现。简而言之，这是一本真诚且感人肺腑的佳作。

——伊娃·霍夫曼（Eva Hoffman），

回忆录《迷失在翻译中》（*Lost in Translation*）的作者

这本回忆录读来既沉重，又不乏抒情笔调，它是对我们文化中过度关注形体之美造成的扭曲影响所做的一份发人深省的沉思。

——《出版人周刊》，星标评论

这部回忆录中充满了令人不安的坦率，也充满了力量。格雷利艰难成长的经历,既令人难忘揪心、又鼓舞着人心。

——《犁铧》(*Ploughshares*)杂志

这本书是对着一面无情的文化之镜中的一瞥,它丝毫不多愁善感,却诚实而坚定地直视其中所映照出(或扭曲呈现)的个人面孔。

——《柯克斯书评》(*Kirkus Reviews*)

总有一些书,你很想递给所有人,并只会对他们说两个字——"读它!",格雷利的自传,就是这样一本必读之书。

——《书单》(*Booklist*)杂志

谨将本书献给
我爱的朋友们

目　录

三十周年纪念版前言　苏莱卡·贾瓦德 / 001

序　　曲　小马派对 / 001

第 一 章　幸运 / 017

第 二 章　爱畜动物园 / 034

第 三 章　大笑之道 / 062

第 四 章　恐惧本身 / 081

第 五 章　人间世 / 103

第 六 章　第二扇门 / 121

第 七 章　面具 / 138

第 八 章　真与美 / 163

第 九 章　未知的世界 / 185

第 十 章　自我意识的习惯 / 203

第十一章　炫酷 / 222

第十二章　镜子 / 239

致　　谢 / 261

译后记 / 263

三十周年纪念版前言
苏莱卡·贾瓦德（Suleika Jaouad）

我第一次读露西·格雷利的回忆录是在 2014 年，那时我二十来岁，刚刚结束近四年的白血病（俗称血癌）治疗。我曾以为，在癌症治疗之后，生活会立即且有序地回归正轨——也即，回到我患癌之前的生活——但我发现，我的期望与我亲历的现实生活之间有着巨大的落差，这让我既困惑又沮丧。从医学报告上来看，我已经不再是病人，但我的身体却饱受摧残。我的生活也跟着支离破碎了。很大程度上而言，因为疾病带来的压力，我和原本以为会共度余生的那个男人结束了恋爱关系，我的写作事业也停滞不前。简单而言，我在纸上也找不到出路了。

除此之外，我感到深深的羞耻。我明知自己能够活下来有多么幸运，而我在治疗中结识的那么多朋友却未能幸存。人们会因我经受了一场并非我所选择的磨难而称我"勇敢""令人钦佩"，这反而加剧了我那如深渊般的羞耻感。我有种得去过一种有意义的生活的紧迫感——要为我幸存下来这个事实正名。直视死亡时你会有那种清醒与专注，而如今我不再拥有这些，我不知道自己是谁，也不知道该往何处去。虽然战胜了疾病，但我却在此后的生活中感到前所未有的迷惘。

幸存下来——这本是我最渴望的事情——却又在虚度生命，这让我感觉内心深处像是有什么东西破碎了，好像有什么事出了严重差错。然而，长久以来，我都对疾病中那些丑陋的部分秉持着一种缄默法则（omertà），这种法则也延伸到"幸存者的身份"（survivorship）上。我没有向友人或挚爱的亲人们诉说这些，在自我隔绝的缄默之中，我感受到了生命中最噬人的孤独。这一切，直到我开始与露西·格雷利的书朝夕相伴时为止。

那时，我住在东村[1]（East Village），我开始带着《脸的自传》穿梭于曼哈顿下城的各个角落——医生的候诊室、咖啡馆、公园以及图书馆。我在露西的文字里找到了慰藉，还有那些得以让灵魂锚定的似曾相识的瞬间，它们让我确信我并非唯一经受了那份特殊痛苦的人。我开始把她的书称作我的"患病女孩圣经"（sick

---

[1] 东村是纽约市曼哈顿区的一片街区，位于格林威治村以东，格拉梅西和史岱文森镇以南，下东城以北。它没有下文提到的曼哈顿下城的繁华与时尚，也没有上城富人区的高冷和贵气。

girl Bible)。露西在九岁时即被诊断出患有尤文氏肉瘤（Ewing's sarcoma），这是一种我十分了解的骨癌，因为它曾夺走我最亲密的两位友人的生命——画家梅丽莎·卡罗尔（Melissa Carroll）和诗人马克斯·里特沃（Max Ritvo）。同样，露西也承受了好多年可怕的癌症治疗。她最终战胜了病魔，对抗着那低得惊人的存活率——仅为5%，但疾病还是夺走了她近一半的下颌。那毁损的面容，在癌症治愈后仍然长久地困扰着她。

阅读《脸的自传》让我了解到，露西也直观地表达了和我感受到的相同的讯息——有关要"优雅地受苦"（suffer well），以及那些司空见惯的陈词滥调和有毒的积极心态（toxic positivity）。"人必须表现良好，"她写道，"永远不能抱怨或挣扎。在任何情况下，都绝不能流露出恐惧，最为重要的铁律是，永远且绝对不能哭。"我回想起自己也深有同感，总会把痛苦、沮丧和濒临恐怖之境的恐惧轻描淡写，想化身成一个面色苍白、患白血病的抗病小斗士——体面优雅、无私忘我、勇敢无畏。露西详细描述了她如何最终上了天主教教会的祈祷名单，收到陌生人的来信，他们都告诉她要积极乐观，想想宠物小猫咪和她最喜欢的食物之类的快乐事。读至此，我想起了我的那些"正能量打气者"（positivity pushers），他们也曾劝我凡事往好处想，要看到乌云背后的金边（the silver lining），并且他们还警告我说，要是我让一丝丝负面情绪（negativity）侵入，癌症就会获胜。

那种缄默，对我和露西两人都造成了伤害。我们都将痛苦、恐惧和悲伤深埋心底，承受着一种可怕的私人孤独，露西对此描绘得格外生动。"我觉得，我的疾病好像是世界为我披上的一条毯子，从外面只能看到一个难以分辨清楚的肿块。"她这样写道。唯一能感同身受的人，是病友。如她所言："那些没有生病或不了解医院生活常规的人，对患病有着他们自己的那份想象。似乎根本不可能告诉他们患病的真实情况。"

然而，在《脸的自传》中，露西所做的正是揭露真实情况。时隔十五年后，她精准而克制地（也令人宽慰地）描述了那些手术、放疗和化疗——那时的癌症治疗要远比今天更原始、更粗暴——犹如被活活焚烧。她提到了治疗结束后的那种戏剧性反高潮（"接着，一切就结束了。"），以及她如何像我和许多其他人一样，期望一切都能回到从前。对露西来说，这也许会发生在她头发重新长出来时，因为那时，她"就会再次变得完整、变得完好无缺，那么，所有这一切都会自行结束，就像做了一场噩梦一样"。露西写到她如何适应了医院的运行系统，适应了日光灯、监护仪的哔哔声、医疗行话（*medicalese*），以及到了某个时刻，外面的世界反而会开始显得陌异和恐怖。借用作家苏珊·桑塔格（Susan Sontag）的术语来说，尽管你特别想回到"健康王国"（the kingdom of the well），但离开"疾病王国"（the kingdom of the sick）却并不容易[1]。就像其他任何事一样，熟悉也会让人心安。

在患病期间及康复过程中，露西承受了很多痛苦，但在《脸的自传》中，她并非单纯沉溺于悲伤。她为人类经验的全部层面都留下了书写空间。她写到她是如何内化了"要勇敢"的讯息，她在提及自己的行为时带有一丝讽刺甚至是幽默，她说："要不是我在这个生病的小男孩身上也看到了自己的影子，那我肯定会成为一名同样称职的法西斯分子或是宗教殉道士的。"她详细描述了那些鼓舞着我们却一闪而过的慰藉、美好和欢乐，我愿称之为"小确幸"（small joys）。她这样写道："我坐了起来，倾听母亲的脚步声，还有狗狗的爪子敲击瓷砖地板发出的咔嗒声，一棵树遮住了我窗外的视野，它把阳光摇碎，在蒙尘的玻璃上洒出斑驳的光影。我搞不明白，如此长时间以来，我怎么会忽视这些事物所带来的纯粹乐趣，直到这一刻，我才明白，我错过了多少它们那简约质朴中所蕴含的复杂深意。"当你在生死两境中命悬一线，那些最为平凡的事物——先前那些看似平平无奇的瞬间——便具有了一种巨大的、近乎神圣的特质，正是它们，日复一日地支撑

---

[1] 美国作家、艺术评论家苏珊·桑塔格（1933—2004）在其《疾病的隐喻》一书中开篇写道："疾病是生命的阴面，是一重更麻烦的公民身份。每个降临世间的人都拥有双重公民身份，其一属于健康王国，另一个则属于疾病王国。尽管我们都只乐于使用健康王国的护照，但或迟或早，至少会有那么一段时间，我们每一个人都被迫承认我们也是另一王国的公民。"后文中"病人"和"健康人"的概念，也出自桑塔格此书。参考程巍译：《疾病的隐喻》，上海译文出版社2018年版。

着我们度过每一天。

在撰写我自己的回忆录《身栖两境：一场与绝症共处的生命思旅》(*Between Two Kingdoms: A Memoir of a Life Interrupted*)时，我曾希望能够打破疾病王国与健康王国之间的二元对立。自那时以来，我逐渐意识到，欢乐与悲伤之间也存在着类似的二元对立，我相信它同样需要被打破。我们的生活——乃至我们度过的每一天——都并非非好即坏、非喜即悲。难以承受的残酷与不可思议的美好，往往会在同一时刻上演。重读《脸的自传》让我看到，露西早已是这样一位启蒙者，她向我展示了这两者之间是如何共存的，以及我们必须学会怎样去珍视它们。

通过这种种方式，当然也还囊括其他诸多方面，《脸的自传》成了经历疾病之人的伴侣指南。它告诉我们，我们所感受到的一切——无论是愤怒、欣喜、嫉妒与绝望，还是对这一切的荒诞感到滑稽可笑——都是正常且再自然不过的。对于挚爱之人患有疾病的人们而言，这本书也能够启迪他们更好地去理解挚爱之人，能够帮他们一窥那"毯子之下"的真实患病景象。

然而，若只是将本书归为抗癌回忆录，甚或是更广义上的疾病叙事范畴，就会忽视掉露西在《脸的自传》中所提出的核心主题，那是一个更加普遍的议题：身份认同。在这本书的"序曲"中，她提出了一个贯穿全书、同时也邀请我们共同来探讨的问题："我们该如何成为我们注定要成为的那个人？"

《脸的自传》最早成型的是一篇题为《镜像》[1]（Mirrorings）的随笔，发表在1993年初的《哈珀斯杂志》（*Harper's Magazine*）上。像书中的内容一样，这篇随笔探讨了"自我意识"（sense of self）和"美"的概念——后者是个永恒话题，在我们这个充斥着肉毒杆菌、填充剂和"网红脸"（Instagram face）的时代，这一话题可能比以往任何时候都更加引人注意。露西关注的是我们如何看待自己，他人如何看待我们，以及我们是如何感知自己被他人这般看待的。这篇随笔后来斩获全国杂志奖（National Magazine Award），一位图书编辑读到该随笔后，心想："这里可蕴含着一部回忆录呢！"

在当时，现代意义上的回忆录体裁尚处于萌芽阶段。名人、富豪或其他有权势者的自传在美国文坛一直占据着一席之地，但直到20世纪80年代末，普通个体的人生故事才开始慢慢在出版业有了立足之地。露西的书便是这一体裁的开拓者，它的面世要早于诸如玛丽·卡尔（Mary Karr）的《大说谎家俱乐部》[2]（*The Liars' Club*）和弗兰克·迈考特（Frank McCourt）的《安琪拉的灰烬》[3]（*Angela's Ashes*）这些广为人知的作品。露西在当时所开创

---

[1] 与本书中的章节标题略有不同，书中标题为"Mirrors"（《镜子》），文章内容大致相当。
[2] 这里参考了台版译名，大陆版中译名为《只要说出来你就会好很多》（湖南文艺出版社2022年版）。
[3] 中译有多个版本，也有译为《安吉拉的骨灰》的。

的东西，如今已随处可见、不足为奇。

当然，露西并非真正意义上的普通人。她的形象更加超凡；无论是她本人，还是她的故事，都带有传奇般的色彩。然而，不知怎的，她在我心中却像是一位在荒野中游荡的友人。露西不仅为我经受治疗时的体验提供了言说之道，而且更为清晰地揭示了"幸存者身份"所暗藏的重重陷阱。我意识到，直面疾病留下的伤痕是多么迫切紧要，无论它们是有形的还是隐形的。自从我首次接受治疗以来，心理肿瘤学（psycho-oncology）领域已经取得了长足进步，2022年，我的白血病复发，在重返治疗时，我亲身体会到了这一点。现如今，我的医疗团队专家们会例行来问询："你感觉怎么样？心情如何？"他们会筛查抑郁、焦虑，甚至是自杀倾向。但在十年前，我却不记得有人关心过我的心理健康。更没有人提醒过我，我也许会感到特别沮丧，会感到如此无依无靠。

那时，为了挣脱疾病困境、寻找出路，我开始筹划一场横穿全国的公路旅行——后来，它成了我书写癌症经历和随后用于自我清算的回忆录的素材。那本书的创作耗费了我数年，其中诸多环节的磨人痛苦都远超我预期。我担心将我所爱之人暴露于他人的评判之下，也忧虑患病记录会有失真之处，在依赖易出错的、不可靠的记忆时，即便我们竭尽全力，这两点常常也难以避免。此外，我不愿意被人简单定义为病人，也不愿自己的书仅仅被人当作抗癌记录，因为那样一来，就会抹平作者为了"直面一段经历并将其淬炼为艺术"［借用作家尤多拉·韦尔蒂（Eudora Welty）之言］所倾注的全部心血。

露西似乎亦有同感。我听说，在她为《脸的自传》巡回宣传时，每当有人想讲述他们自己的患癌故事时——仿佛这是场集体治疗活动似的，她就会感到不自在。我还听说，当人们追问她何以能详尽记住所有的细节时，她会有所抵触。她可能会说："这不是我的生活。这是我写的。我创造了这本书。"诚然，她所写的，并非虚构之事。这些确实是露西的人生大事记，而且它们也确乎非凡，阅读她如何肩负这重重苦难的故事，也确实能让我们读者感受到一种极具感染性的坚韧。然而，任何关于疾病或其他创伤的文本，并非自然而然就能打动你，或者帮你解读出你自身生命的意义。

不，并非如此。《脸的自传》的真正动人之处，在于露西会采集其生命的粗粝原矿，将其提炼、加工和淬出精华；在于她所召唤的意象、调度的隐喻、句句流淌而出的抒情特质，以及她运用修辞技艺向我们揭示那些新颖如启示录般的真理的方式；在于她怎样着墨于美丽与痛苦，并以此将二者熔铸为一；在于我们读者可以看着她竭尽全力掘进痛苦至深处，再从中采撷出珍宝——那些以完美形式呈现出的真理本质。种种这般，为我们带来的是宽慰，甚至是欢愉。

这似乎像是个悖论：一则关于肆虐疾病这等丑陋之物的故

事，竟能拥有一个如此完美的形式——也即，一个关于童年患癌及其狰狞磨人的后续余波的故事，竟能够被书写得如此美丽动人。但我想，事实的确如此。而悖论能够推动我们跳脱出二元思维——跳脱出非好即坏或非美即丑的桎梏。它们使我们得以去培养诗人约翰·济慈（John Keats）所称的"消极感受力"（negative capability），也即去接纳"不确定、奥秘、疑虑，而不汲汲于追求事实与理性"。

济慈恰巧是露西最钟爱的诗人之一，《脸的自传》中第八章的标题"真与美"，便是对此的致敬。该标题暗指济慈那首描述艺术品的诗作《希腊古瓮颂》（Ode on a Grecian Urn）。在那首诗中，言说者面对着一件古希腊陶瓮，思索着环绕瓮身的种种意象，并发问道：这里描绘的是什么样的传奇？画中人是凡夫还是神明？他赞叹树叶永不会从枝头凋零，吹笛的乐手永不会厌倦奏响的旋律。那对双唇近在咫尺，却永远亲吻不上的年轻恋人，将永远驻留于临界的状态，永葆青春，永远处于狂喜的临界点。相较之下，当言说者谈及真实人间世的生活与爱情时，其措辞却暗含着病痛——"如染沉疴：额头发烫，口干舌燥"。他接着感叹道：衰老将至，悲苦亦存，但这件陶瓮将永存其完美形态。

露西书中章节标题所借用的诗句，出现在诗末的引文内："'美即是真，真即美'——这就包含了 / 你们所知道、和该知道的一切。"文学评论家对这几句诗行的奇特性多有述评：看似出自陶瓮本身的回答，却又显得如此斩钉截铁，甚或有些用力过猛。那么，我们是否信服于此？我们是否情愿以自身凡俗且不完美的生命形态，去换取一件无生命之物的永恒完美？我们又是否甘愿放弃活着的狂喜，以躲避疾病与死亡之悲剧呢？

沉思至此，我的思绪又回到了悖论与露西身上。从统计学角度来看，这是一位本该在十岁就早夭的女子，但她却奇迹般地活到了三十九岁；她得以栖身生死两境之间的王国如许经年，并且追寻着她的心之所向——于她而言，那便是爱、人与人之间的联结，以及艺术。露西承受了远超凡人的悲苦，但她也体验了超凡的欢欣。从她那丰盈而繁杂的生命中，露西淬炼出一件惊人的艺术品，它持续地为人们提供慰藉与帮助，还有于我而言（或许对你们也一样）的救赎。

序　曲　小马派对

　　我和我的朋友斯蒂芬过去常常一起外出举行小马派对[1]（pony parties）。罗克兰县（Rockland County）的郊外有一处戴蒙德·D（Diamond D）马场，马场周边是大片如雨后春笋般涌现的郊外社区。小马派对的庆祝活动，就是在这片社区中悉心修剪的草坪上举行的。戴蒙德·D马场的老板是丹尼尔斯夫人，她借机分派了几匹小马，专门给他人举行生日派对用。早些年的时候，丹尼尔斯夫人还经常和我们一起外出去举行这些派对，这让斯蒂芬和我都感到不适。她以为自己是罗伊·罗杰斯夫人[2]（Mrs. Roy Rogers）那类女士，还会据此来打扮她自己——流苏花边的衬衫、超大号

---

[1] "小马派对"是家长为小孩子过生日专门从马场定制的生日派对活动，通常，马场在收取一定费用后会派工作人员带上几匹装扮好的小马驹来参加儿童的生日派对。

[2] 出自美国曾经流行一时的电视节目《罗伊·罗杰斯秀》（*The Roy Rogers Show*），罗伊·罗杰斯（1911—1998）是美国歌手、演员，被誉为"牛仔之王"（King of the Cowboys），他妻子是戴尔·埃文斯（Dale Evans，1912—2001），经常随同一起参加各种演出和活动，他们是那个时代的当红明星。

的皮带扣、摇摇欲坠的帽子，简直叫人尴尬万分。那时，我都会抱着一匹小马站在那儿，内心五味杂陈，难为情到无地自容，就好像她是我自己的母亲一样。随着我们年岁渐长，斯蒂芬拿到了他的骑马驾照，戴蒙德·D马场自身也慢慢陷入一种无政府的管理状态，混乱、孤立，还有些许超现实。我们可以自行外出去举行小马派对了，我也更喜欢这样。

我们总是会在生日派对上迟到，这是由于我们总是在最后一刻才装备好小马，再加上我们都明显是路痴，特别容易迷路。不过，我对此倒是一点也不介意。我很享受一路上驾车穿过这些精心规划的街道，夏日的空气穿过马车的驾驶室，吹拂着临时挂在后视镜上褶皱的丝带。最后，在我们终于找到派对目的地时，我们会以一种相当马虎糟糕的方式把丝带别在小马们的鬃毛和尾巴上，努力营造出一种节日的气氛。我们去过的社区各不相同，有的是鳞次栉比的牧场式房屋，它们挤在绿树成荫的街道上，有的则是位于更宽敞的林荫大道上，其间点缀着气派的都铎王朝风格的大房子。尽管如此，所有这些社区仿佛都具有某种极为相似的品质：除了门口偶尔会出现的水泥塑的小鹿或灌木的造型不同之外，这一栋又一栋的房子，看起来都和它旁边的房子一模一样。总是会出现一只狗，追着我们的马车跑，跑过好几块草坪那么远——这些草坪似乎在神秘地标示着房主领土的划分——接着，狗又会兀自跑开，过了几片草坪之后，又有另一只狗追在我们马车的后面狂吠。

我喜欢那些狗，喜欢它们的使命感、欢欣雀跃和恪尽职守。我格外喜欢迷路，这样一来，我就能和斯蒂芬赶着马车一起穿过一些陌生的街区了。我们驾着马车驶过一些房屋的时候，我会凝视那些窗户，想象着住在里面的人家都是什么样的。我的那些想法，大多是基于我从电视和电影中学到的东西。我想象着一位父亲坐在一盏灯旁的躺椅上，灯罩上装饰着小小的白色流苏。附近不远处，他身着相宜服装的妻子，正在和她的朋友通电话，而他们的孩子们正在摆放餐桌。他们一边吃着家常菜，互相递着各种白色的调料盘，一边悠闲地互相问询这一天过得如何。也许，在这家人中，也会有人提及那天看到马车经过他们房前的不寻常景象。我可以肯定的是，这些家庭与我家完全不同，这份确定性中带有一种说不清道不明的优越感，甚至可以说是更为模糊的一种渴望。我知道，我是坐在那驾奇怪的、超现实的马车里的人，小马们哒哒地奔驰，我的围巾好似要愤怒地飞起；我知道，在那天，是我驾着马车经过他们的房子，是我快速瞥见他们的生活，然后再从他们身旁一掠而过。一想到这些，我就既感到自豪，也感到快乐。

等我们一到生日派对现场，派对立马就会兴奋和躁动起来。孩子们意识到小马们已经到了，就会戴着他们幼稚傻气的帽子从后院里狂奔过来，而此时，被他们遗忘的那些五颜六色的气球，就在他们身后欢腾跃动，它们会飞扬升空，去寻找一些可供停驻的树杈或电话线。小马们对陌生的声音和气味太过兴奋，往往会立即在住户的车道上拉大便，派对人群随即会爆发出一阵厌恶的抱怨声。

然而，我发现孩子们的喜悦并没有持续多久。因为我知道接下来会发生什么。一旦他们靠近小马的兴奋感逐渐消失，他们就会注意到我。我的下巴少了一半，这让我的脸呈现出一种奇怪的三角形，再加上我无法完全合上我的嘴巴，这更加凸显了我脸部的奇形怪状。第一次外出举行这种小马派对时，我的头发仍然又短又稀疏，因为它们在我化疗之后刚刚长出来。随着头发渐渐长长，我却让事情变得更糟了，因为我一直低着头，躲在如舞台幕布般的头发后面，像一个紧张兮兮的演员一样，偷偷地窥探着外面的世界。但是，与演员不同的是，我并没有偷偷欣赏我的观众，要是有可能的话，我宁可永远站在幕布后面，低首做出一个永恒的恭顺之姿。然而，从心理上而言，我又很依赖我的观众。对我而言，人们的赞许与否定义了我的一切，而且我相信，连同我身体里的每一个细胞都坚信，在我拿到的这个特定的人生脚本中，并没有写入"赞许"这个词。那一年，我十四岁。

"既然我讨厌这件事，为什么还要去做呢？"每一次，我都会这样问自己，但如果我还想保住自己在马场的兼职工作，我就别无选择。在戴蒙德·D马场工作的每一个人，都必须外出举行小马派对——无一例外。多年以后，我的一位朋友曾这样评论，一个成年人居然会叫一个毁容的小孩去举行儿童派对的工作，多么奇怪啊！但在当时，这从来都不是一个问题。如果我出现在这些人家的后院算是一种反常现象的话，那也不仅仅是因为我的这张脸。事实上，从一定程度上而言，我外貌上的奇特古怪，似乎也很符合戴蒙德·D马场的总体古怪和衰落破败的迹象。

这家马场位于一处缓缓的山坡脚下，占地面积很小。每年春天，山上融化的积雪都会在这里留下齐脚踝深的泥沼，不到仲夏时节，这片泥沼地都不会完全干透。丹尼尔斯夫人身上有一些古怪的特质，这让戴蒙德·D马场的日常生活也变得难以预料。她整天都在想着该怎么拯救我们这群小孩子的灵魂。在听闻斯蒂芬是同性恋的传闻后，她竟然想要通过不经意地向他袒胸露乳来治疗他。此外，等她兴致上头时，她又会带我们去店里"顺手牵羊"[1]（shoplifting），并会像"小扒手道奇"[2]（Artful Dodger）那样留下一些犯罪的蛛丝马迹。

在戴蒙德·D马场，没人知道该怎样照顾好马匹。马场外面

---

[1] shoplifting，超市行窃，在美国较为常见，一般被认为是轻罪（petty crime）。比如在佐治亚州，只有偷窃超过300美金的商品才被视为重罪（felony）。
[2] 道奇为人物角色名，是英国维多利亚时代作家查尔斯·狄更斯（Charles Dickens）的第二部小说《雾都孤儿》（Oliver Twist）中的著名盗贼。可参见近期的澳剧改编《小扒手道奇》，该剧以19世纪50年代的澳大利亚为背景，想象了查尔斯·狄更斯笔下著名的盗贼王子道奇的双重生活。道奇现在是一名外科医生，但他无法摆脱对犯罪的偏好。

有三个小马圈，马圈里面没长草，大多数的马都被关在那里。谷仓都快要塌下来了，每次我们一进入谷仓，都会听到受惊老鼠的一阵扑腾声。马场的"工作人员"其实是一群初中生和高中生，他们之所以愿意来这里工作，是为了能够近水楼台地换取骑马的便利特权。此外，除了举行小马派对的盈利收入之外，马场的主要收入来源是租马，也即，以每小时 10 美元的价格将马出租给任何愿意付钱的人。丹尼尔斯太太在一次拍卖会上买下了这些马匹，那次拍卖会的主要客户是一家狗粮公司的肉类经销商。通常而言，戴蒙德·D 马场也只是一个中转站。马场周围普遍都是这种遭到忽视的凋敝氛围，但这更多是出于无知和经营不善，而非漠不关心的结果。也就是说，并不是我们不关心马匹——我们只是不了解该如何照料好它们而已。对我们中的大多数人来说，尤其是于我而言，戴蒙德·D 马场就是我的一处避风港。虽然我不得不忍受煎熬去举行小马派对，但我其实也愿意这样做，因为这样一来，我就能与马儿们独自相处一段时间。我认为，动物身上承载着更高的真理，我想让自己也具备它们[1]所拥有的那类知识。我认为，动物是唯一能够理解我的生物。

---

[1] 在全书中，作者对所有动物的第三人称单数形式都是用的"他"（he）和"她"（she），而非"它"（it）。后文指代马、狗、猫，甚至包括玩具动物时，皆是如此，不同于一般指称动物的代词，所以，后文中的"they/them"，译者会根据上下文具体语境译为"他们"或"它们"，其余数形式皆遵照原文的用法，特此说明。

就在前几个月，我刚刚完成了化疗，然后，我便开始在电话黄页簿上寻找我可以去兼职打工的马场。我刚过十四岁，还不太清楚我手术中的一些具体细节，我在电话号码簿上努力寻找着，挨个给马场打电话。那天是七月四日，独立日的周末，通常兼职名额总被预订得很满的丹尼尔斯夫人说，我电话打的正是时候。感到喜出望外的我，立即走进厨房告诉母亲，我找到了一份在马场的工作。她疑惑地看着我。

"你跟他们说过你的情况了吗？"

我犹豫了一会儿，并谎称："是啊，我当然说了。"

"你确定他们知道你生病了吗？你准备好了要接受这份工作吗？"

"当然，我准备好了。"我以最任性的青春期的口吻回答道。

事实上，我甚至想都没想过要跟丹尼尔斯夫人提及我患的癌症或是我的脸。我仍然处在忘乎所以的欢欣雀跃之中。不知何故，我总以为，人们盯着我看的唯一原因，就是因为化疗后我的头发才刚长出来。因此，母亲便遂了我的心意，开车将体重仅六十多磅[1]的我送到了戴蒙德·D马场，在那儿，我那苍白而畸形的脸似乎震惊到了看到我的所有人。他们吩咐我给几匹

---

[1] 英美质量单位，一磅约等于 0.907 斤。

马洗刷，认为这份活计我根本撑不过一天。而我，在马场待了整整四年。

开始工作的第一天，我牵着一匹小花斑马转了一圈又一圈，最后几乎被马儿身上的味道给熏晕了。但每转一圈，就有一个新来的小孩被放上小马鞍，我感到越来越不舒服了，而且，每绕一圈，我也羞愧地把头更低一点。随着时间的推移，我不仅能够熟练地指挥马匹，甚至更加擅长避免和小孩们向我投来的灼灼目光对视。

去参加小马派对时，当我们的马拖车驶入某户人家的门前车道时，我也会短暂想起自己第一次和小马待在一起时的兴奋感。但我也知道，这些孩子的生活与我的生活截然不同。从他们身上，我很快就掌握了偏执狂会使用的语言：我听到的每一句窃窃耳语，好像都是对我外貌的评头论足，每一次的大笑也似乎都是针对我的玩笑。

从某种程度上而言，我正在将我的自我意识磨炼成一架刑具，它足够锋利和有效，足以伴随我的整个余生。部分来讲我也是对的：人们确实会盯着我看，也会笑话我。儿童的残忍是莫大无匹的，其精确几乎令人发指。派对上的小孩们年纪还小，他们周围也都有大人，因而，他们很少会直接说出一些残忍的话。但是，他们公然的、未经掩饰的瞪目凝视，比我在学校遭受的同龄人故意的嘲弄更加令人痛苦。因为在学校，不安全感驱使着一切，每个人都像一台闹鬼机器中隐约可见的恶魔一样。但在那些人家的后院里，住户的草坪被修剪得又短又尖，走在上面脚会生疼，在那里，只有一个显而易见的事实，那就是我的存在，我的脸庞和我的丑陋的存在。

这种意义的独特性——我就是我的脸，我就是丑陋的化身——虽然有时令人难以承受，但它也为我提供了一个可能的逃逸点（a possible point of escape）。它成为人们跟我对话攀谈的起始点，它是一个可以立即被人识别之处，我总是会被问及我的生活出了什么问题。一切都会导向它，一切也都从中消隐——我的脸代替了我这个人，而我消失不见了。那些孩子们凝视的目光带给我的痛苦，吞噬了我生命中所有其他的痛苦。然而偶尔，就像浩瀚无垠的大海威胁着要将我整个淹没时，会有一些更伟大的力量把我托举起来，使我能够轻松而不在意地走在他们中间。我就像在我身后慢跑的那匹小马一样、讶异于周围的环境，他的尾巴兴奋地高高扬起，他的鼻孔大张着，他期待着与他自己无法理解的世界产生短暂的邂逅。

那些父母紧跟在孩子们身后，他们手中的冰镇饮料叮当作响，他们会对车道上的新鲜马粪发表一番他们自己的、更为务实的评论。如果斯蒂芬和我喜欢这些大人的外表（我们所有的评判都是即刻做出的），我们就会把马粪铲走，给处理掉；要是不喜欢他们的话，我们便告知他们，清理马粪不包含在小马派对的花费中。

斯蒂芬来自一个地道的美式大家庭，这些大人对他来说早已司空见惯；但于我而言，他们散发出一种神秘的魅力。母亲们抹着磨砂唇膏，留着又长又亮的指甲；父亲们则佩戴着炫目的金表，身上闻起来像是残留了太多剃须后的泡沫水的味道。

那是七十年代末，许多公司总部正如雨后春笋般在新泽西州的州界上涌现。这些"工业园区"都配有池塘和喷泉，看起来更像高档酒店，而不是办公大楼。我牵着小马漫步于这些郊区新种植的草坪上，我发现这些草坪也是拜扩大的工业园区所赐。

让我的局外人感受更加强烈的，是这些郊区住户的情形在提醒着我我家所缺少的东西——钱。我们本应该有钱才对。就事论事地说，这也不假，因为我父亲是一位成功的记者，而且这也符合我们家族神话中的说法——不免会让人联想到没落贵族（Fallen Aristocracy）的形象。我们是流离失所的外国人，是刚到一个陌生国家定居的欧洲人。就算我家有我们自认为该有的金钱，我们也绝不会把钱花在像买下斯普林谷（Spring Valley）的房子这样平凡的事情上，或是花在像小马派对这样愚蠢且不值一提的琐事上。

不幸的是，家族神话传说中赋予我们的金钱并没有兑现。我父亲在一家大电视台工作，尽管他工作待遇很好，但我们还是遭到了各种公司的催债围攻，我们家的房子也日益在我们周围分崩离析（falling apart）。我父亲是绝不会花钱请水管工、电工和普通杂工的，要么是他不愿意，要么是他请不起，我也不确定是哪一个，总之，他靠着自己那套由零星的电线、胶带和油灰组成的复杂系统，独自勉强维修着我们家的房子。他总是会在周末下午相当随意而心情惬意地整修着房屋。他在工作时会唱歌。有一些是歌剧的片段，随意而愉快地混着时下最流行的四十来首歌曲，以及他童年时代的那些古老小调，他的歌声还时不时会被打断，因为他要耐心地向狗狗解释一番他的整修大作，狗狗也总是专心致志地聆听。

凡是经我父亲之手修理过的东西，通常都坚持不了几个月。下雨天冲厕所时，你需要用上像禅宗般的"轻摇仪式"（Zenlike ritual of jiggles）来对付，以免便池中有东西满溢出来，溅到卫生间的地板上。经过烤箱前，你也要带着近乎虔诚恭敬之心，因为你生怕烤箱门会突然炸开来，发出歌剧般的撞击声。总之，泛神论统治着家中的一切。

同样，在与我母亲打交道时，你总得以一种微妙、循规蹈矩的方式行事，尽管确切的礼节规则似乎经常在变化，而且你也不会得到事先的通知。比如，就拿家中没有牛奶这件事来说，某天，它还不是个什么大问题，但在接下来的一天，这件事可能就"兹事体大"，母亲认为，它象征着她子女们的自私自利、我们父亲的失败，以及她那悲惨而虚掷的一生。缺钱是我们家所有不幸的根源，这个观念总是会被灌输给我们。因此，当斯蒂芬和我驾着马车穿梭行经那些"中产阶级"（是我激进的哥哥们教我这样来定义这些人的）的郊区住宅时，我真的相信，要是我们家也像那些家庭一样富有，那么，额外的一盒牛奶根本就不会是什么问题，而那时，我母亲自然也会十分乐意购买一加仑又一加仑的牛奶，直到房子里洒满新鲜的牛奶[1]为止。

尽管我们全家人都要一起分担母亲的愤怒，但在我内心深处，我总疑心，母亲的一部分愤怒是由于我的过错，而且，全是我一个人的过错。癌症是一种治疗起来极其昂贵的疾病；我看过账单，我也听到过父母的争吵。毫无疑问，我个人要对我们家的缺钱问题负有大部分责任。因此，我也要为我母亲不幸的生活负责。父母为了钱的问题吵过很多次，他们吵架时，我会坐在厨房里一言不发。哥哥姐姐们见状就飞也似的逃回他们自己的卧室，但我始终没有挪动半步。我就坐在那儿，听着他们吵架，就当是一种忏悔。

那些主持小马派对的父母从不吵架，或者说，他们至少没有为任何重要的事情而争吵，对于这一点，我很确信。怨恨让我鄙视他们，鄙视他们华而不实的笨重房子，也鄙视被他们宠坏的那些孩子。如果不是因为我脸上那令人痛苦的个人化的细节，那么，我的这些感受可能纯粹是政治性的，就像我左翼的哥哥们（我对哥哥们的左翼哲学其实知之甚少）对此的感受一样。

---

[1] 此处用典《圣经》中的应许之地（Promised Land），一个洒满奶和蜜的地方，牛奶在这里象征富足与安乐的生活。

"她的脸是怎么了呀？"

听孩子们问这个问题时，母亲们会弯下腰。就在她们仍然弯着腰的同时，她们也会快速看向我，她们看我的目光灼灼如炬，像光穿过棱镜一般迅速而可预见地折射开来。我并不总能听清她们是怎么回答的，但从经验中我也知道，母亲们在含糊其词地请求孩子要待人礼貌，但这其实很难满足小孩子们的好奇心。

当这些完美无瑕的小孩们的眼睛迅速而熟练地钻进我灵魂的最深处时，他们父母瞥视的目光，反而给了我一种奇异的力量，因为当我盯着他们看时，他们正不熟练地假装他们并没有注意到我。当我经过秋千架并牵着马儿绕着圈去接下一个在野餐桌——桌上散落着蛋糕盘、果汁瓶和派对礼物——旁等待上马的小孩时，我会像狄更斯笔下的鬼魂[1]一样停下来与其对峙，我想象着我的存在是一个不安的提醒，提醒着可能会发生的事情。发生在我身上的事，是所有父母的噩梦，我也让自己相信，我对他们来说充满危险。那些父母在这点上帮了我的忙：他们从我身边擦身而过，围在我身旁，有时甚至还会对我微笑。但在我出门举行小马派对的三年左右的时间里，都没有一个人直接问过我究竟发生了什么事。

因为我的脸，人们感到不适，但我无视了这种深深的伤害，

---

[1] 这里可能是指查尔斯·狄更斯的《圣诞颂歌》（*The Christmas Carol*）中的鬼魂角色。

因为我的部分自我渴望他人的认同，我故作坚定地面对这种可怕的状态（macabre status），甚至还很享受这种状态。

变焦的镜头、炫目的闪光系统、完美的对焦——这些相机的价值可能远远超过了摄影照片上的小马的价格。当我一看到厚厚的衬垫箱子，听到拉链的声音，注意到适宜的泡沫隔层所提供的滑稽可笑的、近乎外科手术般的保护时，一种本能的生理恐惧就会向我袭来。我会不自觉地拉住小马的缰绳，小心地让他的头摆正，保持高昂的状态，以防他突然低下头吃掉人家一块草坪。我熟练地将自己的头转向一边，假装我只是在这时才意识到旁边有什么更重要的事情。每一次，我都会以完全相同的角度倾斜头部，让我的头发散落下来，在我和相机之间呈现出一种完美的伪装。

我一动不动地站在那里，就像我在拍无数医学照片时纹丝不动地坐着那样：全脸，向左转，向右转，再左脸给四分之三特写[1]（three-quarter shot）。我为自己对例行程序的了如指掌而颇感自豪。我甚至在一些出版物中看到过自己的一些医学照片。奇怪的是，对我来说，看那些枯燥、明亮的照片似乎很容易。一方面是因为我知道，只有医生才会看这些照片，也许，我甚至还有点得

---

[1] 四分之三特写是摄影中的一种近景取景拍摄角度，用特写镜头放大展示人物的身体。

意，因为我本人是一个如此有趣的病例，值得被记录存档。又或者，其实我并不认为图片中坐在那里的人是我，她只是被标记为"病例3，图示6-A"。

有一回，我的医生让我在他的检查室里等了太久，于是，我翻了翻我的病历档案，虽然我知道这是明令禁止的。我很高兴地发现，整个医疗影像片都放在一个透明的塑料文件夹中。我取出其中一张，并把它举到日光灯前，凝视了一小会儿，然后再小心翼翼地、平静地将它放回了原处。这是一张我躺在手术台上被拍下来的照片。我右脸的大部分皮肤都被扯过来、拉过去，皮肤下暴露的是一张脸和脖子的大致形状，它们的颜色和质地倒更像是生牛排。脸旁的一个夹子在闪闪发光，夹着什么无法被辨认的东西。我并没有感到特别困扰；我一直对血腥场面很着迷，如果这是其他病人的病历档案，我肯定会没完没了地盯着看下去。但最后，我只是简单把医疗影像放回它的文件夹中，并暗自下决心，我永远都不会再看自己医疗档案中的这些影像照片了。

我以同样麻木而漫不经心的姿态，等待着一位父亲按下快门。好在，我永远也不必看那些照片。尽管直到今天，我还幻想会不会遇到这么一个人，他最后向我展示他们家的家庭相册，而莫名其妙地，在其中一页照片的中间，出现的是我牵着一匹小马。我曾经看过一张我在小马派对上的照片。照片中，我牵着一匹已经记不起名字的深色海湾小马驹（bay pony）。照片中的我，看起来既瘦小又弱不禁风，当然也很独特，但我并没有像我当时自己以为的那样，感到厌恶地看向近处某个地方。围着我的是一群小孩子，他们正轮番等着骑行小马。那时候，我被这么多小孩子包围着，总感到心里像有个疙瘩一样紧张不适，但从照片中的表情中，我可以看出来，我当时正在说服自己不要在乎，因为我正指向队伍的后面。照片中的小孩子们看起来要比庭院派对上的大多数孩子大一些：他们中的有些人甚至不止九岁——我患病时的年纪。当我命令他们排好队时，我可能也正在思考这个年龄问题。

派对结束后，我们将小马驱赶回又热又难闻的马车包厢，准备驾车返回戴蒙德·D马场。至今，我耳畔仍然能回响起马拖车坡道上有弹性的金属马蹄声。十五年后，当我看到那张家庭照片时，我脑海中满是疑问，但我却很少问自己这些问题，诸如，我们如何才能成为我们注定要成为的自己？那张照片中的人们，与现在的他们之间有什么样的关联？我们所有人又是如何都在那一瞬间被时光定格？我站在那里，假装自己没有被这世上的任何东西所伤，而他们，则排着队等待着轮番骑行小马，他们中的一些人很兴奋，有些人则感到害怕，但在我的指示下，他们所有人又都整齐划一地，一个排在另一个身后，就像未来的所有日子那样井然有序。

第一章　幸运

"咔——嘭！"

乔妮·弗里德曼一头撞在了我的右下巴上，我被她一头撞回了当下（the present），那个明确无误的现在（now）。在撞击这一刻发生之前，我一直在和一群四年级的孩子们玩躲避球（dodge ball）游戏，大家围成一圈，然后在圈子内外跑来跑去，虽然我的身体在这里，但我的思绪早已飘到了别处。在大多数情况下，我都是一名体育很糟糕的学生，我没办法勇敢而灵巧地跳进别人正在挥舞着的跳绳中，每当这时，我都会感到万分尴尬。跳绳那看不见的边界，就像是科幻小说中的无形引力场似的，要是我误判了它，我就会遭到绳子的惩罚，注定要被它抽打得生疼。又或者，还有更糟糕的事，那就是在学校的接力赛中，我会一次次地沦为所有接力选手中最薄弱的那一环。但是，天下总有人能被顺利选入学校的垒球队。我不禁会去怀疑，这种运动天赋上的差异，与命运所施给那些幸运儿的机遇，难道不是一样的道理吗？

我并不是想说自己是一个软弱胆小之人，我也不是个容易受到惊吓之人。在更为散漫闲适的一些游戏中，我也能够表现得出色，尤其是在摔跤（除了一个男孩之外，我可以打败我家那条街上的所有男孩）、玩过家家的战争游戏（一个以其偷偷摸摸躲藏起来而有名的游戏，我总是会被委以侦察员的重任），以及冒险游戏这些方面（无论那些冒险有多么荒唐或危险，我都敢去做，尽管我也有自己的底线，那就是，我不吃无脊椎动物和两栖动物）。在我家附近的玩伴中，我赢得了一定程度的尊敬，这不仅仅是因为我胆大到从二楼的窗户上跳下去过，也还因为，每当有人叫我亲吻邻居家一只又老又特别难闻的狗的嘴巴时，我都会毫不犹豫地亲上去。曾经，我是个出类拔萃的假小子。

但是，在弗利特伍德小学，当比赛在学校体育部的主持下正式拉开大幕时，这一切就都变了。每当哨声一响，胜负界线一划，我就变成了一个笨伯（a spaz）。这一切看起来真的是很不公平：我内心深知，我具有巨大的爆发潜力，甚至可以说是明星运动员的潜质，但是，我的这种理论知识并没能转化为实际的行动，我击不中朝我射过来的球。我很早就放弃了在体育方面的努力，虽然我知道自己可以在阅读、拼写和考试中超过我们班身体最强壮的那个小孩。此外，在班级准备狂热的踢球比赛或螃蟹接力赛时，我几乎总是最后一个被人选中，所以，我总会表现出一种丧气的无精打采之态，这也部分解释了我那天在玩球时的粗心大意——于是，我的下巴与乔妮·弗里德曼的头迎面相撞。

也许，我正在想入非非。科琳在玩躲避球方面很厉害，但她会不会因为她对戴维·卡西迪（David Cassidy）的狂热爱恋而变弱呢？又或者，也许我想到的是其他一些青春期前的社交困境，它们都影响了我那天比赛时的状态。我只知道，该轮到我接球了，我正在追着球跑。显而易见，我甚至都懒得叫人传球给我，同样也很明显的是，乔妮想要从我这里截走球，但我立场坚定。就在球朝着我们这边——主要是朝着我——飞来时，比赛结束的口哨声也开始响了起来。我身体前倾，乔妮则侧身向球扑了过去，猛然间，我重重地摔倒在地，此时，所有那些关于科琳的社交地位或是乔妮的道德观之类的想法，通通从我脑袋中消失了。

我坐在沥青路面上，浑身上下的每个细胞都感受到了我们这次碰撞的力道，虽然我有点儿头晕目眩，但还算冷静，且神志清醒。每个人都在跑去排队集合。我想，乔妮大概问过我有没有事，但我只能依稀记得，我坐在那里，看到的是一双双晃来晃去、模糊不清的腿，我揉着右侧的下巴，沉浸于我感受到的巨大疼痛中，并且也在思考着为何我同时又感到异常的平静。这不是事情以慢动作发生时的那种强烈感受，我在其他一些小事故中有过这类经历：它就像是时间神秘却合乎逻辑地转移到了另一个平行时空中一样。我的感觉就好像是，在嘴巴里进出一个词的短暂瞬间中,我似乎都能猜测和推理出一千种不同的美丽真理来。现在回想起来,我认为,我当时可能是经历了一次脑震荡。

我的下巴不由自主地颤抖。用手揉搓它,似乎也没什么效果:痛入骨髓,无法缓解。因为这次疼痛的确来得出乎意料,所以,我倒是也没体验到一星半点的焦虑。后来,我了解到,焦虑和有所预期才是会遭受痛苦的基本要素,这和单纯地感受到疼痛十分不同。这种突如其来的陌生疼痛,可能是我第一次也是最后一次经历这种纯粹的钝痛,与其说它让我疼得要命,倒不如说它更多是让我感到困惑不已。

"亲爱的,你感觉还好吗?"

在意识的一片模糊混沌中,我听到有人在说话,我抬起头,看到了明金夫人,那天下午,是她在操场上值班。她属于那种"可怕"(scary)的大人类型,而且,在这个分类的子类别中,她又可以被归为"长了虱子"(with cooties[1])、需要避之不及的那类大人。她穿着格子羊毛裙,化着大浓妆,在小学生眼中着实丑得吓人,总之,明金夫人绝不是我想要向她坦承疼痛并寻求帮助之人。

---

[1] "cootie"是指"body louse"(虱子),这里长虱子的人(with cooties)指的是像躲避虱子那样需要远离之人,在美国俚语中,"cootie"和"louse"也有"卑鄙下作的家伙"的意思。

"谢谢您，我没事。"

此外，我也的确没事：这次事故发生得如此迅速，我下巴上的剧痛很快便消退了，我的自我意识又恢复了，它回到了操场上。我迅速站了起来，拍了拍自己身上的灰尘。现在，我想的迫在眉睫的问题是，由于这种令人讨厌的延误，我得排在队伍中多靠后的位置啊！等我回到教室，我已经彻底忘记了这次撞击事件。

那天晚上，当我坐在客厅的地毯上，想要认真撰写一份我已经拖了两周之久的读书报告时，我才又想起这件事。现在，令我非常沮丧的是，读书报告第二天就要交了。渐渐地，我意识到，我可能还有个对付读书报告的绝妙办法——我牙痛。牙痛不像感冒或发烧，这并不是个待在家、不去上学的充足理由，因为牙痛就需要去看牙医。如果只是轻微牙痛的话，我可能宁愿忍受我老师的愤怒，也不愿看到我母亲那不可避免的烦躁，但现在，我注意到我的牙痛似乎正在逐步加剧。

我和牙医已经是老熟人了。我饱受一口烂牙之诅咒。牙医告诉我们，这是盎格鲁－爱尔兰血统的人常有的毛病。但是，对于这一点，我母亲个人感觉受到了冒犯，就像是被她的情绪感染了一般，我也为自己的烂牙而感到难为情。辛格医生说服我父母，如果想要我长出正常成人的牙齿，那么，他就必须被允许——而且还得尽快——对我的乳牙大做一番复杂的修整工作。我甚至不记得他对此做了些什么工作，但我每周都要去看牙医，这似乎成了某种神秘的常规程序。没有人会喜欢牙医，但我最讨厌辛格医生的地方在于，他还经常骗我。

"伸出你的大拇指，然后我会告诉你，怎么做才能让你的牙齿进入睡眠状态，这样你就感觉不到痛了。"

我伸出了我的大拇指。

"看到没？我会把这种药涂在你的牙齿上，就像现在我把它涂在你的大拇指上一样，"他一边说着，一边把注射器轻轻地推入了我的手指，注入了一股清澈的液体。

"就像这样，一点都不疼吧？"

接着，他会转向他的器械托盘，并更换一支注射器，他的背部挡住了我的视线。在我还没来得及看清眼前闪过的东西是什么的时候，他就已经熟练地将针头刺进了我那在等候着的牙龈上。我总是感到惊讶，小小一针剂液体，居然可以这么痛。这种骗人的把戏，他使用了很多次，尽管这样，我也仍然以为，一定是我的牙龈出了什么毛病。我怀疑我的口腔可能出了什么可怕的毛病，而且，因为我担心抱怨只会带来一些新的而且肯定是更加痛苦的治疗，所以，我把我的疑虑担忧都藏在了心里面。

夜越来越深，我再也没办法假装牙痛不存在了。最后，我去找了我母亲，用谨慎的语气向她坦白了我的疼痛。在我承认自己弄丢了或毁坏了一些有价值的东西时，我可能也会用到这种语气。如我所料，母亲很生气。当然，令她感到愤怒的其实是这种情况、这类麻烦，还有可能的医疗开销，但是，在那个年纪，我根本无法区分它们之间如此微妙的差别。我痛苦地认为，母亲的愤怒是只针对我一个人的。

我父亲走进了房间，在他询问发生了什么事情时，我这才想起来那天早些时候我被人撞了这件事。这个新消息似乎更加激怒了我母亲，尤其是我父亲明显还想要化解这个紧张局势，他冒险地做出了一番推测："她只是牙齿'感冒'了，仅此而已。明天一早，她就会没事的。"

父亲的本意是好的，但他对问题的无视证实了我母亲的信念，也即，她是家中唯一要处理大小事的人。在某种意义上而言，也确实如此，但母亲从来没有意识到，她的愤怒吓得我们所有人都退避三舍。她总是对问题叨叨个没完，感觉自己经受了委屈和考验一般，这让我们根本没法直截了当地讨论问题，往往只会让问题变得更加糟糕。我父亲总是会表现出一副爱尔兰老好人（good-fellow-Irishman）的样子，他还会说出一些虽然令人欣慰、但却是错误的有关这个世界的看法——比如，像"牙齿可能也会感冒"这种落后的观念。每当这时候，我母亲总是特别恼火。最后，我得到了两片阿司匹林，以及明天再看看情况的承诺，就被送上床睡觉了。

"你这是得了牙关紧闭症啊！"

第二天早上,我哥哥们幸灾乐祸地宣布,他们显然对这个想法感到兴奋。

我尽我所能地咕哝着回答他们。

他们兴高采烈地向我详细描述了一番,说我将再也张不开嘴,所以从现在起,我吃的一切东西都必须用吸管进食。的确,我醒来时下巴肿胀得厉害,而且牙关似乎像被锁死了一样——在我试图大张开嘴巴时也并不痛,因为它就像被卡住了一样——但是,不管怎么说,对我而言,用吸管进食各种奶昔,似乎也不算太糟糕的命运。然而,最主要的是,我认为自己确实出了什么毛病,并且对这个想法感到兴奋。毕竟,我头一天晚上并没有反应过度,正如我自己认为的那样;原来,我是真的生病了——这回是绝对不用去学校了。我感觉心情好极了。那天晌午,母亲为我预约了家庭医生。

"嗯,考虑到下巴肿胀,又不能动弹,再加上她被撞,又重重地摔了一跤,我想,可能是骨折了。"

下巴骨折。这将是第一个诊断,随后还会有许多次医学诊断,但这次无疑是最彻底地偏离实际情况的一次诊断。坎托医生清楚地向我解释说,如果是骨折了,我就必须通过装金属丝线固定下巴来将其闭合,这样下巴才能够痊愈,但首先,我必须上医院去做 X 光拍片检查。我对金属丝线闭合并不感到多么害怕,因为我过于沉浸在要冒险去医院急诊室的念头中,所以我也没有多想。我平时绝顶喜欢的两个电视节目,就是《急诊!》(Emergency!)和《医疗中心》(Medical Center),一想到这次我有可能亲自体验这类三十分钟的戏剧化场景,我还颇为得意。当我坐上带帘布遮挡的手推车时,母亲温柔地宠溺我,她迁就迎合我的说法,还说这一切真是一场大冒险,以及我的哥哥们会多么嫉妒我,因为我成了这样一个戏剧化场景中的主角。母亲告诉我,我是多么勇敢,以及我们是多么幸运,因为这一切是发生在我,而不是我的双胞胎姐妹萨拉身上,她可是一只公认的胆小鬼。要是换成萨拉,她肯定会害怕得哭个没完没了,但我很勇敢,我都没有哭,所以很棒。一个人哭没哭就代表勇不勇敢,这在当时似乎是一个很自然的等价方式。

X光的拍片结果出来了:不是下巴骨折,而是一种叫作牙囊肿的东西,可能是由于我的下巴受到重击,从而迫使我的一颗后臼齿向下扎入了牙龈,在下颌骨上留下了划痕。这也没什么大不了的,但他们建议必须立即对我做手术,切除掉这个囊肿,以免感染。我和母亲一起回家拿了我的睡衣,然后,我们去了帕斯卡科谷医院(Pascack Valley Hospital),这是隔壁镇上的一家小型社区医院。手术安排在第二天。

在医院的第一个晚上,让我印象最深的是,我没有睡好。我把大部分时间都花在了和我对面床上的那个女孩聊一些关于戴维·卡西迪的愚蠢谈话上。此外,我还必须整夜测量体温,以监测有没有感染。令我的邻床病友感到高兴的是,我的护士没有费心拉床帘就直接给我进行了直肠测体温,而她就站在她的病床上观看着。我邻床的女孩咯咯咯地笑个没完,我觉得她真是个傻冒,但此时的我也没有足够的尊严来做些什么事情,在这种荒谬的处境下,我也只能陪着她一起咯咯地笑起来。午夜时分,一位护士走了过来,在我的床上贴了一个"NPO"的标志贴:这是"Nil Per Oral"[1]三个词的缩写,意即"禁食",不能吃任何东西。我觉得自己很特别,单独被挑选出来了,于是,我还以一种居高临下的口吻向我的邻床病友解释这个标志代表什么意思,就像三十秒之前护士刚刚向我解释过的那样。

每家医院都有它自己古怪的规章仪式。有些医院让你在病房里就穿好手术衣,有些则让你等到进入手术室才穿。有些医院的麻醉科会有房间让你睡觉,有些则直接带你进入手术室进行麻醉。帕斯卡科谷医院遵照的是后一种,老天保佑他们的好心,其依据的理论是,最好尽快将病患麻醉昏迷,然后再将静脉注射和其他各类针头和管子插到它们最终的目的地——要治疗的身体上。从医学上来讲,这并不是最理想的流程,因为本应该立即访问病患

---

1 "NPO"来源于拉丁文"nil per os",其字面意即"nothing by mouth"(不能吃任何东西)。

的血液系统和呼吸道系统，以防在给气的初始阶段突然出错。这家医院的儿科很小，他们大概认为，犯不着招来那些不必要的眼泪、喊叫和挣扎：让有意识的存在实体的知觉消失得越快越好，这样一来，就可以随心所欲地插入医疗器械了。

我仍然陷在对电视节目的幻想中，由于术前药物和夜里失眠，我也有点昏昏欲睡，但我还是对真实的手术室现场的景象印象深刻，我坐着推车被送往手术室，一路上看到的走廊、天花板都叫我感到愉快。让我颇感失望的是，我发现手术室里并不存在那样一个带玻璃圆顶式的圆形露天剧场（a glass-domed amphitheater），我本来想着，会有一排又一排的医生从那儿向下窥视，他们都对我这个有趣迷人的病例大感兴趣。但闪闪发光的金属器械和令人印象深刻的手术室灯光，都和我预料中的一模一样，这倒让我觉得抚慰。人生中第一张真实的、戴着手术面罩的脸孔正在向下凝视着我，挡住了我头顶上手术灯所发出的强光。

"我会把这个面罩给你戴上，并给你喷些喷雾好叫你昏昏欲睡，它可能会闻起来有点古怪。"

说味道古怪还是一种轻描淡写的说法。透过黑色橡胶面罩散发出来的其实是化学喷雾，对我来说，这气味是如此的怪异，以至于我从未想过，还会有这种气味存在。我以为我会窒息。我微微挣扎着，想把头转开，并伸手去拿面罩。一个我看不见的人却伸手抓住了我的手，捏得特别紧，而另一个人，则把他的手放在了我的额头上。这最后一个动作，立刻让我平静了下来。

"现在，请你闭上眼睛，呼吸并放松，想一些美好的事情。你有什么宠物吗？"

我开始罗列家中各种动物的名字，同时感觉一种微弱的嗡嗡声越来越响。我周围的事物开始失去边界。医生的脸和徘徊在这附近的人的身体，也不再清晰可见，而是模模糊糊的一大片。说话变得越来越困难。在罗列了两只猫的名字之后，我每呼吸一次，只能发出一个音节了，即使那样，似乎也很吃力。

"闭上你的眼睛。"

这是不可想象的。首先，我不想错过任何事情，其次，如果我只是休息一下眼睛，而他们却认为我睡着了，并在这时候就开始切开我的身体该怎么办？最后这种恐惧，在我随后的各种手术中都一直困扰着我。几年之后，我也向医生坦承了我的这种恐惧，医生听后很耐心地向我解释了整个手术的过程，但即便这样，我仍然会保持警惕。

我感到恶心。气体喷雾来势汹汹，嗡嗡声淹没了一切，最后，我再也受不了了，翻身呕吐了出来。我喷出来的是一种黏稠状的洋红色液体，上面还带有绿色的漩涡，它们在白色床单上形成了一块有趣的污渍。我想必是呻吟了几声，因为立刻就有人在我身边放了一个金属脸盆，我徒劳地试图往里面吐出更多，这是种有异味但又奇怪地令人愉悦的混合物。我仍然感到恶心，但什么也吐不出来了。我躺下来，闭上眼睛，干呕中累得筋疲力尽。一个奇怪的护士站在我床边，她一直在问我能不能指认出她来，接着，令我非常恼火的是，她还要求我口头回答她。那时，我最不想做的事情就是睁开我的眼睛，更不用说和这个女人说话了，她现在问的，还是我听过的最荒谬的问题："露辛达（Lucinda）[1]，看看现在是几点了？"我不习惯人们叫我的大名。她伸出一只手臂，将我的目光引向了墙上的时钟。这真是无厘头，我想。她难道不明白，睡觉是世界上最令人享受的事情，也是我余生唯一想做的事情吗？她又在问我，已经是第三遍了。为了能够早点摆脱她，我只好集中精神，动用了我全身精力来读时钟，并告诉了她时间。是十一点十分。至此，我的第一次手术就结束了。

六个月以后，大约在临近复活节的某一天，我从学校回家后，右脸颊又肿又烫。自从第一次手术以来，我就时不时地要去医院给我的下颌做 X 光拍片检查。初次手术后不久，我的下巴尖端就出现了一个骨质瘤，就长在我耳朵的下方，我母亲曾就此多次询问过医生。

"这只是骨质增生；格雷利夫人，没什么好担心的。"

---

[1] 作者的全名为"Lucinda Margaret Grealy"（露辛达·玛格丽特·格雷利），一般写作"Lucy Grealy"（露西·格雷利）。

"但这肯定不正常,一个小女孩的脸上,怎么会长这样的肿块呢?"

"格雷利夫人,这只是骨质增生,经过这样的手术,长这个也没什么不寻常的。"

这位医生,总的来说都不算是全科医生,而只是一名专科牙医,在母亲每次询问过后,他都会纡尊降贵地微笑。没有什么比这种纡尊降贵的态度更能激怒我母亲了,连我这个小孩子都觉察出这是整个医学界的通病。不幸的是,对母亲来说,我还是个典型的九岁小毛孩,而且她认为,我每回都不遗余力地抓住机会替她感到难为情。她为什么要如此大惊小怪呢?她就不能接受他们所说的话吗?每当我母亲和医生打交道时,我都会这样在内心翻着白眼,因为我没有勇气真的说出口。

我总是会因为父母的行为而尴尬到无地自容,要是我能早早了解到这种"父母羞耻症"(parental shame)的倾向是多么典型和普遍,那我肯定不会再有这种感受,并会坚定地站在我母亲这一边。我想要与其他人显得不同,就这点来说,我很虚荣,也很骄傲。我最想要的就是变得特别,到目前为止,病人这个角色实现了我的这个愿望。我的老师们给了我很多特殊优待,而且,自从我接受手术、顽强挺过手术刀以来,我从我的小伙伴那里又获得了新一轮的尊敬。

当母亲带着我回到坎托医生的办公室时,我们几乎是带着一种义愤填膺走进去的。显而易见，我的术后感染特别严重，他们再也不能够忽视了，当我听到"紧急手术"这几个字与我的名字出现在一起时，我的内心激动不已。他们不得不帮我排干肿块中的脓水，并将其清理干净，肿块几乎在以肉眼可见的速度增大，而且看起来也是气鼓鼓的。我询问我是否可以坐上救护车去医院，当发现不能时，我感到非常失望。

于我而言，我仍然觉得自己是在进行一场伟大的冒险，我是我自导自演的电视特别节目中的明星主角。在那之前，我人生中最大的考验，要数我们家糟糕的家庭状况带给我的情绪波动。于是，这场身体上的戏剧化场景，对我来说似乎还略显轻松。此外，我还有一份读书报告没有写，眼看着又得交稿了。就在我一筹莫展之际，我又一次幸运地得到了命运的眷顾。像"紧急手术"这样听起来令人印象深刻的事情，简直是我求之不得的，而且，如此一来，我又能得到新一轮的礼物了。那时，对我来说，略显奇怪的事情是，在面对打针勇敢不哭这样一件相对容易的事情上，我得到了如此丰厚的回报，但是，我为了化解家里的众多家庭危机所付出的巨大努力，却完全没有引起任何人的注意。

在这次手术之后，我父母被告知应该带我去斯特朗诊所（the Strang Clinic）看看，这对我来说就像进城一样。我很激动，有任何去纽约的机会我都不会放过，因为那样就能开车穿过纽约脏兮兮、令人眼花缭乱的街道，看到那么多不同类型的人，还能在同一时刻听到如此众多的喧闹声——喇叭声、警笛声、人们的喊叫声，我大为惊叹。在斯特朗诊所，我们见到了古怪的约翰·康利医生（Dr. John Conley），他是一位在头颈外科领域执牛耳的专家。在做了一个全面检查之后，他安排我住进了哥伦比亚大学长老会医院（Columbia Presbyterian Hospital）的儿科部门，也叫作儿童医院[1]（Babies Hospital）。

当某部电影中的女主角天真地咳嗽时，你就知道，不消两个场景之后，她就会躺在手术室中戴着氧气罩；当一位男性在火车站不小心撞到了一位女性，你就会知道，这个男人定会成为这个女人的情人和/或凶手。在日常生活中，我们经常咳嗽，也总是不小心撞到别人，但我们的日常行为却很少能如此清晰地发出回响。一旦我们爱上或恨起某个人，我们便可以回想起并记住那第一次邂逅的场景。但是，所有那些没有结果的偶然相遇，又该如何去看待呢？我们的身体不断沿着时间这条线在向前移动，我们的思想却不断地往后追溯，就像奔向标的的箭矢那般，想要巧妙地寻觅出过往的形状和意义。

在我跌坐在操场上黏稠的沥青路面上时，我以一种全新的方式体验到了时间，但也许，是因为我随后生活的展开方式，这种

---

[1] 儿童医院采用的是常见的通用译法，按照原文字面应是"幼儿医院"。

记忆才具有了重大的意义。但我却全然不知,这对我来说几乎是不可思议的;我怎么可能会不知道呢?一年之前,我们全班去了一家博物馆进行实地考察旅行,在那里,我对一张中世纪的图很是着迷,这张图上所展示的是,女人身上——就在她们肚脐的下方——包纳着很多微小的个体,所有这些个体都完美地排列在一起,就像罐头里塞满了众多的沙丁鱼一样。而且,这些个体身上又包含了更多她们自己的微小版本,而这些微小版本的个体身上又承载着更多的个体。我们的命运早已在我们的体内被完美勾勒出来了,就像我们曾经在母亲的体内完美地等待出生一样,而我们母亲自己也曾孕育自她们的母亲——我们的外祖母以及曾外祖母等等。

如今,操场上的那个场景已经过去了二十年,但我不可能不去重温彼时的情景,因为我想知道,为什么我在本应向左走时却没有走对,或者说,我很想知道我的动作是不是无可更改的。如果癌症早已存在,那它最终还是会被发现,尽管到那时,可能为时已晚。又或者,也许是那次撞击事件启动了我身体里的一系列反应,这才为癌症的生长创造了一个机会,否则的话,它可能都不会被发现。有时候,想要了解过去蕴含着什么,其实和预知未来一样困难,这就好比是一个谜语,它只有在谜底被揭开之际,才会显而易见。让我颇觉好奇的是,虽然我很早就经历过所有那些重大时刻,然而,彼时的我却全然不知它们的分量。

第二章 爱畜动物园[1]

起初,唯一让我感到惊讶的是,有个小男孩躲在床底下,但我都没意识到这一点,后来,他父亲也出现在了床底下,最令人震惊的是,连医生都蹲了下来,尝试用他那套哄骗术引出小男孩,尽管这根本不顶用。最终,这点歌舞剧式的杂耍表演太过分了些;不仅医生的那些保证听起来像是一些恶棍的安慰说教,而且这一整件事都是如此……该怎么说呢……都是如此有失尊严(*undignified*)。我感到很丢脸(mortified)。小男孩比我小一两岁,穿着红色的连脚睡衣;他父亲几乎完全秃了顶,戴着镜片厚厚的眼镜。他让我想起我在一档电视节目中看到的一位父亲,每天下午放学后,我都会守在黑白电视机前看这个节目的重播。部分而言,我为这位父亲和医生感到尴尬,尽管我对他们纵容小男孩的

---

[1] 本章原文标题是"Petting Zoo",爱畜动物园是指能够让孩子们抚摸和喂养温顺动物的小型动物园。用在本章具有反讽意味,后文中提及的那些动物并不是出现在爱畜动物园,而是出现在医院实验室里悲惨的实验动物。

做法也表示出了一定程度的不屑。但大多数时候，我发现自己格外为这个小男孩而感到难为情。怎么会有人如此害怕，以至于躲到床底下去呢？这与我所珍视的每一个信念都背道而驰。人必须表现良好。人也绝不能抱怨或挣扎。在任何情况下，都绝不能流露出恐惧，最为重要的铁律是，永远且绝对不能哭。在这点上，我绝对严格遵守。要不是我在这个生病的小男孩身上也看到了自己的影子，那我肯定会成为一名同样称职的法西斯分子或是宗教殉道士的。我第一次去急诊室时，在那里，人们夸我很勇敢，而那些场景中的微妙之处，已经将它们自身编排成了一种个人化的论述（a personal treatise），这就好比是，屋基上一个看似无关紧要的建筑设计错误，也可能会导致顶层楼房上出现一个大裂缝一样。那时，我家中的一切都不可预测，而且家庭生活也鸡飞狗跳，我母亲自己也短暂住院、后又出院，而我在医院这里，好像获得了一个行为准则，我可以据此来获得接纳，还有我认为的爱。我所需要做的就是表现得英勇，这样我就能靠一己之力拯救我的整个家庭。

那时候，英雄主义还相当容易：我在儿童医院（Babies Hospital）的 10 号病房中只待了大约一个小时。把我自己和幼儿（babies）扯上关系，让我感到不悦，但一想到是在城里，还是在一家有着十二层楼并配备有一部电梯的医院里，我又感到很兴奋。直到今天，基本上而言，我还是觉得乘坐电梯是一件让人感到愉快的事，在电梯里，灯光的渐进指示标志着一种兴奋的期待感。10号病房是一个老旧的病房。儿童医院完全不像我在电视上看到的那类医院——闪亮而干净，到处都是带科技感的奇观，它也不像我不久前刚待过的相当簇新的帕斯卡科谷医院。10号病房的墙壁是淡绿色的，地板上铺的是深绿的瓷砖，上面有一些灰色的斑点，由于多年来这里人来人往，所以，有的地方甚至更暗沉了，显得破旧不堪。所有的门都是木门，为了供人观看，门口还精心布置了隔板，它是由厚厚的海蓝色玻璃制成的，并用网状金属丝进行了加固处理。病房的所有窗户上都装有横杠。医院虽然很干净，但到处弥漫着一种昏暗无光的气氛。一直以来，我都很喜欢闪闪发光的崭新事物，但很快，我就发现这种昏暗反倒更令人欣慰，比起我后来住过的那些迷人却陌生的新病房，儿童医院这里反而更有人情味。

我听到有人叫我的名字。他们又叫我露辛达。在这之前，我这个大名只在开学第一天被人叫过，但从那一刻起，我就知道，它将会是所有站在医院刺眼的手术灯下穿着白大褂的人们对我的称呼。医生问了我父母一些问题，是有关我母亲在孕期以及我在婴幼儿期之类的事，有时，我父母还得互相商量合计一番才能够回答出医生的问题。我不习惯看到父母这样听从专业权威人士的话；我不习惯看到他们一起行动，像现在这样夫唱妇随；我也不习惯看到他们表现得如此正常，就像我家附近小伙伴们的父母一样，就像我在电视上看到的那些父母一样。人们大多会认为，我们家是一个不同寻常的家庭，这是一种很特别的感受，既让我们感到自豪，同时又想要将它给隐藏起来。

五年前，我们——我父母、两个哥哥、一个姐姐、我的双胞胎姐妹萨拉和我——移民到了美国，我和萨拉当时四岁。我父亲是爱尔兰一位知名的电视台记者，他得到了一份他无法抗拒的工作，该工作的主要地点是在美国。父亲让我们全家都打包收拾好，并半开玩笑地说着，我们会坐船去美国，因为这种漂洋过海的方式与移民经历有关。与之前的移民同胞们有所不同的是，他们乘坐的是统舱，我们搭乘的是"玛丽女王号"（Queen Mary）客船，此次航行是她"退役"前的倒数第二次远航。毫无疑问，这场盛大的搬家行动似乎在预示着，已经有很多财富在彼岸等着我们了。就像以往我父亲做过的大多数事情一样，这次移民航行的本意是好的，但后来，每当事情进展得不太顺利时，它在被提及时总会伴随着蔑视，甚至到了后来，在我父亲早早过世之后，它似乎都变成了一种带有过分悲伤意味的行动，充满了"文学突降法"（literary bathos）。

当然，移民在当时是一次伟大非凡的冒险，特别是对于一个记忆和意识刚刚萌生的四岁小孩来说，更是如此。那次航行中，我哥哥们在轮船尾部的甲板上打乒乓球，有时，他们也会因船身侧倾而丢球。我最喜欢的事情莫过于跑过去盯着球看，看它消失在船体下方汹涌的海洋中。那种混乱无休止地紧紧攫住了我。有一天，萨拉想喝牛奶，结果却误喝了一杯奶油，这让她浑身不舒服。还有一次，我们受邀去参加在轮船上巨大的舞厅里举办的儿童派对，我还在玩"丢手绢"（Duck Duck Goose）这个游戏环节中赢得了一份奖品。船上的健身房里，有一匹电动小马和一台奇特的机器，这台机器上绑着一条大带子，它足以把你屁股上的脂肪粒摇个粉碎。人们可以想见的是，在所有移民记忆中，印象最深的应该就是自由女神像了，但对于我，它却招致了一片记忆空白，我记得自己抬头仰望过自由女神像，当我们的轮船从韦拉札诺海峡大桥[1]（the Verrazano Bridge）下面经过时，我既希望又担心我们的船尾会撞上大桥。在我们下船时，纽约正下着雨，到处都是被雨点打得斑驳的窗户。

"我们现在是在哪里呀？"几天过后，我和萨拉在我们新家的厨房里这样问我们的母亲。母亲站在水槽边，穿着白色的丝绸衬衫，她有一头淡金色的短发。我坚信，我母亲是世界上最美丽的女人。

---

[1] 韦拉札诺海峡大桥（the Verrazano Bridge）是美国纽约市的一座吊桥，建成于1964年，连接布鲁克林区和斯塔滕岛。此桥以意大利探险家乔凡尼·达·韦拉札诺而命名，他是有记录以来第一个进入纽约港以及哈得孙河的欧洲探险家。吊桥的最长跨距为1290米，1964年完工时为全世界最长的吊索桥。

"我们现在在斯普林谷。"她对我们的询问表现得很有耐心。

"那我们什么时候去美国呀？"

这个问题让母亲觉得好笑。她的脸顿时有了光彩，我知道，我们一向都很擅长取悦母亲，但当时究竟是如何让她高兴的，我也不记得了。斯普林谷只是一个名字，一个具体的地方而已，但美国，它现在是一个特别宏大的东西，一种完整的生活方式，一种理念，一种魔法。家里每个人都一直在谈论它，从这种形势中，我也很想知道，我们究竟何时会去到那里。

我们一家离开都柏林时，我大哥肖恩十七岁，尼古拉斯比大哥小几岁，而苏尔伦[1]又要再小上几岁。对萨拉和我来说，都柏林只是一堆模糊的暗影，但对我们其他的兄弟姐妹来说，爱尔兰就是家。而美国，这个他们并非情愿来到的陌生之地，是永远无法与爱尔兰相提并论的。他们总是不断褒扬爱尔兰和英格兰的各种优势。许多年以后，在我离开我在其中长大的国家时，我才开始明白，早年生活中的一些微小琐事，比如，某个牌子的糖果，或者某个特定的电视节目，竟然会承载着那么巨大的象征意义。

但对我而言，有关这些损失和象征的转变却来得很晚。我们刚来美国的时候，哪怕我只是吃上一块美国品牌糖果，我都会被

---

[1] 后文章节中，作者提到姐姐时用的是小名苏茜。

我的某个哥哥提醒，它代表的是美国在整个政治和社会方面的劣等性。有时候，屋子里会出现一块脆脆糖（Crunchie），这是一种英国或爱尔兰产的糖果——也许是有人邮寄给我们的——我手里拿着橙色的糖果包装纸，那种感觉似乎让我想起了我不幸错过的所有事物。有人提醒我，爱尔兰的电视节目要优雅精致得多。我看过一些美国的电视节目，并为喜欢它们而感到羞愧，我想知道，为什么它们大洋彼岸同行的节目要精致得多。但我从来没有怀疑过爱尔兰的优越性，我一直以为，是我个人的一些失败才导致了我无法准确地看待美国和爱尔兰电视节目之间的区别。

我的哥哥们也很可怜，他们远比他们愿意承认的还要思念家乡，他们对这个强加在他们头上的新国家，除了蔑视之外，毫无其他感情。在他们口中，最糟糕的骂人方式就变成了："那简直是太美国了"；"别那么美式"；"多么典型的美国佬啊"。要是我和萨拉这对双胞胎姐妹表现得自私或是任性，他们就会说，我们正在"变成美国佬"。在我们用完浴缸里所有的热水时，我们被告知，那是典型美国佬的做法。渐渐地，我对爱尔兰最早的记忆就变成了纯粹的神话。我现在的处境不仅不好，而且还一直在恶化。我们家的美好时光已经一去不复返；我只是因为出生得太晚，所以才错过了那些美好时光。于是，我开启了与怀旧持续终生的一种爱恋，虽然我对自己所怀旧的东西，也只有一些最模糊的概念。

除了低俗的文化之外，美国最糟糕的一面，据我的哥哥们说，便是它的政治。在爱尔兰时，我的哥哥们偏向左翼，而在这个新国家中，这里的一切方面几乎都与他们所了解的国家有所不同。于是，作为对我们传统的共和党社区的回应，他们变得更加激进了。他们的辱骂名单又加长了，继"美国佬"之后，又加上了"资产阶级"和"企业家"两个词；而"美国佬资产阶级企业家"（*American-Bourgeois-Capitalist*）便是所有这些叫法中最为可鄙的。我对这些概念的内涵一无所知，但我也潜移默化地慢慢对它们生出一种鄙视来。记得三年级时，学校里的老师在课上谈论过某位著名的企业家。那天下了那年冬天里的第一场雪，老师费了好一番功夫才让所有学生不往窗外看，当然，我压根都没往窗外看过。我紧张地坐在教室里，我很想知道，她在介绍这个男人时为什么声音里充满了敬佩之情。关于这个企业家，我想他肯定做了什么可怕的事情，我正在等着老师讲出那个可怕的真相，但老师却没有继续说下去，而是停止了授课。为了安抚全班想看雪的心情，她叫我们用彩色纸片做雪花玩。

我凭直觉就能感觉到，我们家与众不同，并且要在某些方面胜别人一筹，但是，我们家也有一些明显的怪异之处，而这些则不是那么容易跟人解释的。邻居和同学们会取笑我们与众不同的口音。当时，我还不明白这一点。肖恩后来被诊断患上了精神分裂症，当时的他，正处在这个病的早期阶段。除了这个病以外，他还留着一头长发，过着一种"嬉皮士"的生活，他的生活方式与我们周围邻居家的儿子们的生活方式截然不同。我母亲自己也饱受抑郁症的折磨，这也是我在当时无法理解的一种疾病。最终，钱总是不够花。这么说吧，别的事暂且不提，甚至在我父亲失业之前，我们家房子内部就严重失修。这种状态总在提醒我，有些家事，我不能让外人知道。

所以，待在儿童医院 10 号病房的时候，看到我父母的行为举止表现得如此像……怎么说呢……如此像普通的父母，跟其他人的父母一样，这让我感到很惊讶，也暂时愚弄了我。他们一整个下午都和我待在一起，和医生交流，和我说话，他们彼此之间也互相交谈。在医院，我也遇到了一些其他孩子和他们的父母。我看着那个穿红连脚睡裤男孩的闹剧在我眼前一幕幕展开，他最终从床底下被揪了出来，接下来，医生要对他的治疗采取一些必要措施，在这整个过程中，我看到他母亲一直把他抱在膝头。有一回，我被送到血液科进行采血化验。在这之前，他们也从我的手臂上采了好几次血样，但这次，用的是像手指那般粗的大针头。我望着采血的全过程，近乎对它着迷。就在我站起来时，不知道为什么，我听到了脑子里微弱的嗡嗡声，瞬间感到头晕目眩、天旋地转。之后，我跟母亲汇报说，我感到头晕，她只是简单说了句，是我自己太傻了，不看针头就不会头晕。我很困惑，因为我真的喜欢看别人给我采血，我只是有些为自己出现"软弱"的生理反应而感到难为情。自那以后，每当有人拿着针头朝我走来，我总是扭过头去不看了。

我去放射科拍 X 光片，做胸透检查。这个部门是新近刚装修的，所以与医院的其他部门不同，它被涂上了鲜艳明亮的色彩。这里是真正符合我对儿童医院设想的唯一一个楼层。在我顺着大厅往下走时，墙上绘着卡通动物和小丑的壁画会愉快地注视着我。在等候室里，我发现角落里有多到惊人的破旧不堪的玩具，巨大的毛绒玩具被丢弃，兀自蹲在墙角，它们都太大、太笨重了，根本没办法拿来给小孩子玩。我已经九岁整了，不管怎么说，我都将自己与这些婴幼儿才会玩的物品划清界限了，还会故意装出一副不屑和不耐烦的样子。出于有意识的自觉，我也没有打包任何毛绒玩具带去医院。最重要的是，我要表现得像个成熟的大人，坚强而无所畏惧。

随着日子一天天过去，我开始相信，也许，我的父母实际上也和其他孩子的父母一样吧。我时常觉得那些父母太过宠溺孩子了，我也并不欣赏他们的做法，因为他们总将对孩子的忧虑和恐惧挂在脸上、一览无余——就像挂在墙上的照片那样，让每个人都能看出来。最后，随着晚餐时间的临近，之前给我做检查的实习医生向我父母解释说（我听他用第三人称谈论我），他要给我做一次骨髓穿刺检查。我们都一起站在大厅里。我不记得我是否害怕过这个检查，我甚至从来没有听说过这个检查的名字。但是，当我父母说"那好吧，我们这就走了"的时候，我惊慌失措地看着他们，并问道："你们不打算陪我一起吗？"我父母互相看了看彼此，然后回头看着我，说了一些人流量太多之类的话。此外，他们还郑重提到，我自己并不觉得害怕，不是吗？

我觉得我的脸唰的一下红了起来。似乎事物一齐向我袭来，就好像我是某个看不见的相机特写镜头下的聚焦点一般。我立刻为自己所有想当然的想法而感到后悔。当时，我所感到的"难为情"（embarrassment）仍然一直跟随着我，当然，尽管我知道，那根本不是难为情。这种感觉与难为情的区别判若云泥，就好比是一块泥土与一棵树、一个蛋壳与一只蜘蛛、一块石头与一个由更加坚硬沉重的石头雕刻成的膝盖上的手的差别一样。在那一瞬间，我清楚地明白了一个道理：我孑然一身。

事实证明，真的没有什么可害怕的，至少在当时，的确是这样。治疗室很小，特别热，甚至还很舒适，只是这里太旧了，都没有安装荧光灯。来做骨髓穿刺检查的是两名实习医生，他们是当天才到病房的，这是他们第一次轮岗。桌子上铺着坚硬但气味清新的白色床单，我趴在床单上面。外面夜幕降临，但在城市灯光照耀下的天空，仍然呈现出天鹅绒般的蓝色。实习医生似乎曾经在一起工作过，因为他们彼此认识。相比招呼我，他们似乎更愿意招呼彼此，但我立刻就喜欢上了他们。在这个由穆特和杰夫组成的实习医生团队中,我分不清他们谁是谁,但他们会做一些例行公事,我交替听到的是短促而尖的高音和浑厚粗糙的低音。在他们压住我麻木的下脊柱时,我的腿下意识反射性地把托盘里的东西踢得满地都是,他们甚至还觉得这很好玩。当托盘里的器械掉在绿色的瓷砖上,发出咔嗒的声响时,我紧张了起来,开始等待着我通常会联想到的医生愤怒的爆发——即使它们是由无心的意外之举引起的。然而,他们并没有责备我,反而自嘲了起来,并说些相当愚蠢的笑话,引得我们都笑到抽筋,他们还说,我是一个出色的运动健将,并给我打了高得离谱的分数,这让我感到轻松自在,甚至有了一种宾至如归感。

在接下来的几天和几周里,这种舒适感也都一直存在。在这里,也有确切的一些问题要面对,但对我来说,它们似乎是完全可以控制的:在你被告知要躺下时,便躺好不动;要勇敢。说真的,考虑到我所得到的回报,这些要求似乎也并不算过分:获得关注、不用上学、偶尔还会收到礼物,以及,就算我可以清楚地表达出来,我也不会向任何人承认的事情——从家中的紧张氛围中解脱出来的自由。只要我父亲没有工作到太晚,他就会过来医院和我打声招呼,而我母亲,由于她讨厌开车进城,所以她来的次数比较少。其他一些来医院探望的父母,特别是那些每天都会来的父母,会为我没有人探望而感到难过,他们还会偷偷地带医院的违禁食品给我。每当我感觉到某位观众对我有种对待孤儿般的特别感伤之时，我都会熟练地尽力配合表演。要是我母亲知道了，她一定会感到十分震惊。我轻松自在地在我的各类角色扮演中应付自如，甚至可以说颇具天赋。作为一个小孩，我的过往尚未成为我肩负的重担。它只是在那里而已，我有一定的自由，也可以根据我的需要来适应当下，做任何能够让我在某个方向上前进一小步的事情。

我感觉特别棒。每天都会被医院安排一项身体检查，通常是复杂的扫描或者 X 光检查，相对而言，这些检查一点都不痛。我和其他孩子交上了朋友，我也很快就发现了那个病房和其他所有病房中存在的"等级制度"。真正病重的人位于首要地位，但当然，病得太重对你自己也不利，因为那样你根本就无法享受这种优待地位了。那些做过手术的人也会榜上有名，尽管也要考虑你的手术花费了多长时间，你以前做过多少次手术，以及由此而产生的疤痕可不可怕等因素。但是，真正的决定因素其实是资历，也即，你在病房中待了多久。就这方面而言，德里克是病房中当之无愧的"王"。

德里克是个英俊的小男孩，他患有严重的哮喘，而且，过了很久我才知道，他来自一个极端不安稳的家庭。所以，比起医学上必要的治疗时间，医生会更倾向于长时间把他留在医院里，因为这里好歹有热乎乎、丰盛的饭菜，虽然不怎么好吃。他已经多次进出医院，当我来到这里时，他已经住院有一个星期了。尽管他患有哮喘，但他似乎感觉良好，所以，我们相对其他人要更加健康，而且，我们手头上有大把的时间，于是，我们两个人总会凑在一起，也因此惹了不少麻烦。

下午的时间很漫长。阳光透过装着铁栏杆的窗户照射进来，洒满了绿色的地板，宛如一个藻类泛滥的湖泊。在护士关掉明亮的屋顶灯时，你几乎可以听到它们的叹息声，而这就是我和德里克每天都在期待的时刻——午休时间。这时候的病房很安静，护士们坐在他们的值班室附近，只要我们不弄出声响，他们就佯装并不关心我们在做些什么事情。

有时候，我们的下午时间是被安排好的。我们会被带到有游戏室的另一层楼上，那里有一个华丽的大玩具屋，那是一个真正收藏家的物品，可能是某位好心人捐赠给医院的。但你只能从玻璃隔板后面看玩具屋，不过，玩具屋看起来太精致，不适合用来玩耍。这真是一座玩具娃娃的豪宅，内有几十个错综复杂的房间，里面摆满了各类奢侈之物，诸如挂毯啊，以及黄铜床上的蓬松羽毛床罩啊，等等。还有完美的小勺子和小叉子，儿童房间里有齐整铺好的床，上面摆着泰迪熊，食品柜里放着一碗牛奶，上面印有"小猫咪凯蒂"的字样。还有一些老式过时的物品，可能是玩具屋被捐赠时它的主人仍在使用的一些物品，诸如搓衣板、冷藏柜以及夜壶，等等。这所玩具屋与我们所有人的生活都毫无关联。医院里的大多数儿童来自周边的贫困社区，而这栋玩具屋就像是他们永远都不会拥有的一切。而且由于有保护性的玻璃隔板，即便它是模型，也是触不可及的，并不允许孩子们触摸。有时候，你会看到一个小孩子呆呆地杵在那里，直勾勾地盯着它看。但在大多数情况下，这个巨大的玩具屋模型——尽管它就在靠近门的显眼位置上——还是会被我们无视。

每隔一段时间，医院另一处的演讲厅里就会放映一部电影，通常都是卡通片。仅仅只是去那里就得到一半的乐趣了，我们穿着拖鞋和浴袍穿过主大厅，经过那些穿着便服的人们。就好像衣服也在彼此说着话似的，当我们经过身着西装、白大褂和工作服的人们的身旁时，我们稚嫩的睡衣在喃喃自语着有关我们的一些特别之处。通常，播放的电影本身都很糟糕，但我和德里克看过之后都很喜欢拿它们来打趣，我们还会猜测那些和我们一起排队去看电影的其他孩子都是因为什么问题在住院——他们推着他们的输液架，小心翼翼地支撑着他们的身体。任何外表看起来特别令人震惊以及病得特别厉害的人，或者身上挂着令人印象深刻的医疗机械的人，都会备受尊敬。这里有一个约定俗成的隐性荣誉准则：从不公然盯着他人看；为了帮助别人，你总是会去做你该做的事情；你总是要非常有耐心。这也并不是说，我们就不会成为那种十足爱捣蛋的坏小孩，而且，要是换作其他环境，我们确实也会犯浑。但在医院，这里盛行着一种尊严，人们也会尊重他人的尊严。

通常，在没有正式安排的情况下，我和德里克就开始玩我们自己的把戏。起初，我们还只是待在病房内，最多只会偷偷溜到储藏室或是其他任何带有禁忌氛围的地方。渐渐地，我们开始冒着被值班护士逮住的风险，偷偷溜出病房。医院大厅的礼品店很吸引人。我们偷拿了一些康复卡，并将它们送给其他病人，还在上面签下"献上爱与吻——你的迈克尔·杰克逊"等落款。我们认为，这是极为可笑的滑稽之举。有几次，我们冒险跑到了急诊室附近。那个候诊室里有很多好看的杂志，在那儿时，我们总是幻想着会有这种场景——某个浑身是血的人，摇摇晃晃地从门口走进来，他的手里甚至可能还攥着一把从他的心脏中戳出来的刀。但这种事情从未发生过。在产后育婴室中，我们可以看到小小的早产儿。很难说他们看起来像人类，他们被装在孵化器中，就像是在展出稀有标本一样，他们的身上连接着各种各样迷人的医疗管子和器械。早产儿永远不会记得此时的任何事情，这真是一件幸事。我们认为，并且也相信，在他们艰险地进入这个世界并经历此番痛苦中，正是由于这种记忆缺失，才让我们可以趁机透过技术手段这般肆意地凝视他们。

在当时的我看来，虽然那次住院像永恒般漫长，但其实，它可能只持续了两个星期左右。我每天都要做一些检查，但我从来没想过要问问究竟发生了什么事、检查的目的是什么、结果又如何。至少，我记得的事情就是这样，尽管我母亲的说法和我记得的情况大为不同。在我的记忆版本中，当这一天到来时，医生将我父母单独带进了我的病房。他们在那里待了很长一段时间。终于，我母亲出来了，并且跟我解释说，我要做一次下颌手术，但在做手术之前，我可以先回家过个周末。

我记得自己当时很兴奋，就好像我只听到了回家过周末这个部分似的。我母亲惊恐地看着我。她表现得很奇怪，我想，她当时很不像平常的她。我不得不解释说，让我感到兴奋的并不是做手术。我知道，如果我回家过个周末，我就会受到特殊的优待。我也确实得到了。父亲让我骑了马，还不止一次，而是两次，本来骑一次马就已经是一种优待享受了。在我姐姐抱怨父亲偏袒我时，他几乎大发雷霆，这其实是一种反常的反应，但在那时，因为与马如此亲近，我太兴奋了，它们散发着甜而鮈的气味，以至于我甚至根本没有想过为什么父亲会这样大发脾气。我也根本不记得自己去过学校。

按照我母亲讲述的故事版本，当她从我的病房中出来时，我兴奋得跳了起来，只听到我可以回家的这个部分。但在那之后，她说，医生要求跟我说话，就好像我是一个大人一样。医生告诉我，我得了恶性肿瘤（malignancy）。他解释说，他们会尽其所能，而我应该尽我最大的努力让自己康复，他们也会为我提供帮助。依照我母亲所说，我其实去过学校，在那里，我还感谢了我的老师和同学们，他们送了我很多的祝福卡片。我告诉他们，我得了恶性肿瘤。我母亲说，我似乎对此感到开心，而我的老师们对我的这种态度则感到十分震惊。我告诉我的老师和我所有的朋友们——可能还带着几分自豪与得意：我得了恶性肿瘤，现在，我将要去做一次大手术。

几年以后，我也记不真切具体是几年以后了，当我的家人在厨房里踱来踱去，而我在桌边翻阅报纸时，有人将某个事件说成是发生在"露西患癌之前"（before Lucy had cancer）。我猛地一惊，抬起头看过去。

"什么？！我得过癌症？"

"小傻瓜，你当然得过癌症啦，不然，你以为你得的是什么病？"

"我以为，我得的是尤文氏肉瘤（Ewing's sarcoma）！"

"那不是癌症又是什么？你以为那究竟是种什么病？"

我的家人对我的反应似乎难以置信，但这是真的。自那段时间以来，从来没有一个人对我说过癌症这个词，至少，不是以一种我能理解的、觉得与我有关的方式跟我说起这件事。

就好像在"地球"这些词语被言说之前，地球是没有实质形状的一样，直到那些声音被表达出来，才会呈现出各种决策、主旨和议题。在那些尖锐锋利的词语被言说之前，可能已经说了成千上万个词语，但它们都没有任何实质性的意义，也没有留下任何表明它们曾经存在过的迹象。我喜欢词语，喜欢它们的发音。

我最喜欢的一个实验就是，选好一个词，并且不断地对自己重复这个词，直到我对它产生一种敬畏之情，直到它完全变成了一个荒谬的声音，与它所指涉的事物毫无关联时为止。比如，海鸥。卡车。香蕉。公式。当然还有，恶性肿瘤。现在，我可以重构、回想起来的是，"恶性肿瘤"这个词中的重要音节可能曾让我着迷，它所具有的罕见和危险的内涵让我觉得自己很重要，但它又是意义阙如的，这种意义阙如为我提供了足够多的词语回声，在我震惊地听到癌症这个词时，这种回声便构成了我的震惊的背景墙。

意义阙如有它自身的形状；它在黑暗中摸索，只在深夜时从墙上的一个洞里对我诉说。在我梦到女巫时，她们连声向我道歉，接着，她们便一边唱着歌一边将匕首插进我的身体，并和我解释说她们对此感到抱歉，她们并不想杀死我，但她们不得不这样做，因为她们是女巫，这是她们分内的工作。我从来没有意识到，这些梦与发生在我身上的事情有关。我只想着眼前的事情，就像我的词语实验游戏一样，通过不断重复来粉碎它们所具有的意义。和我的词语实验同样重要的是，我在夜晚观察自己入睡那一刻的艰辛努力，我就像那些四处觅食的野兽一样，在黑暗中寻找着那根介于意识和无意识之间的细线。

我非常清楚地记得所有我和德里克一起做过的事情，甚至还颇有些怀旧——一起看电影，透过玻璃凝视那间过时的玩具屋，把医院的手术手套吹成变异的乳房形状。然而，偶然随机的梦境，不经意被遗忘的、指向别处的词语，却让我如当头棒喝，感到往事粗糙且不完整。语言为我们提供了一种方式，来表达更微妙层次的意义，但这是否意味着，语言就可以赋予意义？或者说，当我们感到困惑、无法命名某个事物时，语言就会剥夺属于我们的意义？我想到好几种原因可以用来解释，为什么一个小女孩不记得恶性肿瘤这个词所唤起的意义，然而，那些理论与我又有何干系？一想起那个在医院大厅里随意走动的小孩，她哼唱着令人愉快、没有任何历史的词语（historyless words），我除了感到困惑之外，毫无其他感受。

在医院里，星期天的下午是最为寂静而漫长的——要熬过无所事事的好几个小时。医院中所有的部门都休息了，没有了过去一周里工作日的喧嚣。熟悉的护士们周末都离开了，把我们留给冷漠无情的医务助手们，他们根本不在乎我们是否得到了很好的照料。在一片寂静之中，下面街道上的车水马龙声似乎也更加喧嚣了。还会看到更多其他病人的探访客，不常联系的亲戚们从城外赶来，带来一些没用的鲜花和包装华丽的玩具。我渐渐厌倦了仔细观察他们，而是开始学着辨认每一个走进病房的家庭那令人眼花缭乱的运行模式和动态。他们总会抱怨在医院附近停车有多难，等电梯要花费多长时间。一些小孩子的哥哥或父亲，会找来一个外科手术用的口罩，戴上它哈哈大笑，就好像他是第一个发现这种滑稽动作的人似的。我坐在我的病床上，寻找着隐藏在一堆字母中的词语，或是徒劳地试图拼出我在游戏室找到的不完整的游戏拼图。洗得僵硬的床单将我的脚底摩擦得发红，下床时，我总是会因为不穿拖鞋而陷入麻烦。一股尿酸味从冲洗室传来、飘过大厅，人们在那里清洗便盆并存放消毒器具。

我总能指望得上德里克，他会在我最需要他的时候出现在我身旁，穿着他那件蓝色浴袍，胸前用褪了色的黑色字母写着"哥伦比亚大学长老会医院"。有一回，我们一整周都在等待一个特别的星期天。几天前，我们无意听到了两名护士和一位市民之间的谈话，谈话内容涉及他们饲养动物的大楼。偷听成人的谈话是我自然而然就会做的事情，但是，"动物"这个词却戳中了我。

"他们在这里养了动物？"我打断并询问道。

"一整层楼都是动物，不过，是在那边的另一栋楼里。他们尝试在动物身上实验新药，并对其进行手术，以便能帮助人类治疗疾病。"

我对自己被人这样教导非常敏感，我也讨厌别人说这话时的口气，但我还是很感兴趣。"那你们怎么去那里呀？"

这里的护士和医生全都年轻、好看。尽管他们的交谈使用的是医院的行话，但它们常常带有调情的意味，对我来说，它们的真正含义就像一件闪亮的礼物一样清晰可见,但往往谈话中那位被恭维的接收者却假装看不见,似乎还刻意在恭维者背后笨拙地遮掩。我可能惹恼了他们。

"你得到外面去,要穿过马路。"年轻的医生说道。

"没有去那儿的地下通道(tunnels)吗?"一名护士问道。

"我觉得没有,但我从来没去过那里。我甚至也不确定你们该怎么找到它们。"

接着,他们走开了,彼此之间互相交谈,没人注意我,但为时已晚。这可是我毕生都在等待着的冒险。我立刻飞跑起来,想去告诉德里克——医生大声朝我喊叫,让我走着去。单纯为了惹恼他们,我突然停了下来,穿着袜子的我,沿着擦得发亮的地板像冲浪般滑行了足足三英尺[1]。

我们遇到的主要问题是,不知道该如何去找地道。最后,我们成功地诱骗了一位新来的、穿着糖果条纹服的十几岁大的孩子带我们去那里,我们设计巧妙,以确保她不会把秘密泄露给护士,因为护士肯定会严禁这类探险。我们让穿糖果条纹服的那个小孩相信,护士已经说了没有关系,而且,让我们感到幸运的是,她竟然知道动物实验室在哪里,因为她曾经去那里传达过消息。她非常喜欢这次探险,所以她还邀请了其他两个小孩跟着一起来。

---

1 英制长度单位,1英尺约为0.3048米。

星期天是一个明智的选择，因为，总是提防我们捣蛋的正式员工都休息了，而且此时，也几乎没有医生或医务人员来找我们做一些无聊的检查。

这个特别的星期天，恰逢春天里首个温暖到甚至令人有些不舒服的日子。所有的窗户都开着，但这也并没有让我感到惬意。当我从床上溜下来时，我的T恤衫紧黏在我的后背上。只要有可能，我就会穿便服。白天得穿病房里的睡衣，尽管其他人也都穿着他们各自的睡衣，但这还是让我感到紧张和沮丧。这让我想起了一个古老的恶作剧，在恶作剧中，会让被恶搞的人穿上一身鸡仔服亮相某场正式的舞会。

我和德里克、穿糖果条纹服的女孩，以及另外两个小孩在大厅走廊里集合，然后我们便一起朝着电梯走去。我知道，一楼下面有一个地下室，但我并不知道那下面还有楼层。我们被电梯传送到了最底层的终点站，即地下室负2层。电梯门打开之后，出现了一条长长的走廊，走廊两边是混凝土墙，裸露的电灯泡忽明忽暗地闪着，电灯泡就安装在用电线扭成的一个钟形笼子里，电线还从天花板上垂吊下来。这里让人感觉凉飕飕的。你能清楚地看到木头上的印记，木头是用来制作混凝土的模板，它们看起来就像是巨大的石化木板。

德里克俯身在我耳边低声说："这里就是他们处理死人的地方。"

一想到我们随时都可能会看到有人推着一具裹着白床单的尸

体经过大厅，我的手指头就好像是睡着了一样麻木，不听使唤。我晃动了下手指头，这种麻痹效果让我感到困惑。穿糖果条纹服的女孩威风凛凛地往前走着。但她也只走了五十码[1]，走到一个十字路口时，她犹豫了。我们几双眼睛扫视着墙壁，寻找着能指向动物实验室所在之处的标志牌。

几天以来，我一直期待着这个时刻。每年中有一到两次，当地的购物中心会设立一个游行爱畜动物园。只需要支付少量的费用，你就可以在满是木屑的圈栏周围四处走动，并能够抚摸胖乎乎的山羊和绵羊。再多花上十美分，你就可以从改装过的泡泡糖机器中购买饲料来喂它们。我对这些动物喜爱至极，它们的气味我怎么闻都闻不够，它们分开的蹄子踩在瓷砖地上会发出咔哒咔哒的声音，这种声音我百听不厌，木屑中还会显出它们蹄子的形状。我狂热地喜爱动物。只要是关于动物的书籍、电视节目或电影，我都会贪婪地阅读和观看，但是，我不喜欢那些将动物拟人化的书籍或电视节目。我认为那是在贬低动物，让它们变得过于像人类。

德里克一反常态地让我走在他前面。通常，我们之间会就"谁才是头儿"进行无休止的无声较量，但今天早上，他似乎有点心不在焉，又或许，他可能不像我那么兴奋吧。关于德里克，我也

---

1 英制长度单位，1 码约为 0.9144 米。

有些事情搞不明白；有时，他会像现在这样闷闷不乐。其实，我很羡慕他常年都住在这座城市之中，尽管我永远不会向他承认这一点。我认为，这让他充满了一种异域情调。有一次，我在醒来时发现，德里克吻了我，他就俯身站在我身旁，另外，还有两名男孩从门口往病房里张望。也许，那两名男孩认为我会被恶心到，想看看接下来会发生什么好戏，但我的反应显然让他们失望了。我只是感到有些困惑不解，为什么看起来同样困惑的德里克，会想要做这种奇怪的事情呢？

最终，我们找到了通往正确楼栋的地下通道。我们一行人挤进电梯，一路往上行。电梯门打开后，是一个宽敞的门厅。两堵墙上的大部分面积都被打开的窗占据着，从窗户中，可以欣赏到这座城市的壮丽景色。一阵凉爽的强风从窗外吹了进来，透过没装安全防护栏的窗户，窗外视野辽阔，我突然觉得这很危险。没有粉刷过的天花板和混凝土地板给这个地方增添了一种脆弱不堪的气息。门厅的两边有几组旋转门。我们穿过其中一组旋转门，穿过以后再沿着走廊走，后来，我们意识到走错了方向，便随即转身，再次穿过门厅。当我们打开第二组旋转门时，一阵臭味扑面而来。天然尿素和氨水的刺鼻气味，混杂着消毒剂的化学烟雾，直冲进我的鼻子。这本应是一个预兆，它在阻止我们前行。但我们还是继续沿着大厅走了下去，跟着气味寻去，直到我们看到一些门，上面写着"仅限授权工作人员使用"。但现在，根本看不见哪里有被授权的人。

我们推开门,发现置身于一个大房间中。各种各样的设备排列在墙上,房屋中间立着四个互相锁在一起的栅栏圈,它们的四周都围着金属栏杆。其中两个栅栏里圈的是猪,另外两个牲口圈里是绵羊。栅栏圈里都没有铺上任何东西,而且,水泥地面上流淌着尿液,沿着低洼处流向一处排水管道。我的头一个想法是,它们怎么能直接睡在水泥地上呢?这些动物本来已经躺下了,但我们的出现把它们吓了一大跳。它们都站了起来,绵羊嘶哑地咩咩叫着,猪哼哼叽叽地嚷着,听起来都很像人类,接着,它们还在那狭窄的栅栏圈内转了一圈。我以前从来没有如此近距离地看过猪,这些猪体型都很庞大。猪有着和人相似的眼睛——蓝色的眼睛,还有圆圆的瞳孔。它们在盯着你看了一阵后会把目光移开,你也能看到它们的眼白部分。与我之前对动物的所有感觉不同的是,这一次,我不想靠近它们。

我们全都站在门口那儿。当时肯定有人说过什么话,但我已不记得任何谈话内容了。绵羊在四处走动,我注意到绵羊身上的羊毛已经被剃掉了好几大块,剃掉的部分呈现出几何形状,这么做是为了更好地缝合最新的切口。其中一只绵羊的腰上,还缝挂着一个看起来像塑料袋的东西。我们走出这个房间后,又走进了隔壁的房间,那里的狗已经在狂吠不止了。有六只小猎犬被关在相当大的笼子里,在我们进来时,它们欢欣雀跃地迎接我们。其中有一只狗看起来很不悦,他生病了,没有搭理我们,但当我们走近时,其余的狗用尽全身力气使劲推关住它们的栏杆。然而,当我走近第一只狗笼时,他停止了吠叫,并开始向我哀号。穿糖果条纹服的小孩听到狗叫后,便警告我不要靠近这些狗,这里大多数的狗看起来都迫切渴望得到关注。突然之间,我觉得好讨厌她,讨厌她那愚蠢的着装和刺耳又愚蠢的声音。

绝望在整个房间里蔓延,在那些响亮的、呜呜的吠叫声中来来回回、反反复复地飘荡着。我震惊得不知所措。每个狗笼的门上都挂着一个牌子,牌子上是手写字,写的是关于这只狗的详细信息,上面都是陌生的词语。这些狗没有盛水的盘子,只有可供它们舔舐的带管子的瓶子,宛如我家的宠物沙鼠用过的那种瓶子,只不过要大一号。尽管我被警告了,但我还是让狗狗们隔着栏杆舔了舔我的手指头。

这次探险的欢快基调立马发生了变化,它缓慢地呈现出了一种近乎黏稠的沉闷特质(viscous quality)。在我们一行人中,那个十几岁的小大人试图让我们走快点,她现在终于意识到她犯了一个错误。隔壁房间里放满了笼子。门正对面的墙上,挂满了装着白鼠的笼子,而我们右手边的一整堵墙上都塞满了猫笼,一个笼子又一个笼子地叠加在一起。大多数是虎斑猫。我从来没有在一个地方见过这么多猫,但这里却出奇地安静。在我们一行人鱼贯而入这个房间时,这些猫都弓着身子,蹲在它们的笼子里盯着我们，每一只猫都是这样。等我们再走近一点，有些猫就会走到它们笼子的栏杆边上摩擦着，大张着嘴巴，却没有发出任何声音。多年以后，我才了解到，割断实验室中猫的声带并不鲜见，尤其是在它们数量还特别多的情况下就更是如此。这些猫和比格犬一样，都有同样的饮水杯，笼子上挂着手写的标志牌，但它们的笼子要小一些。有一些猫的头盖骨中植入了火柴盒般大小、带有电线的长方形物体。它们被剃过的头皮在与金属相连的地方结了痂，像通红的硬壳。

现在，真是叫人难以忍受了。隔壁房间里传来了一阵猴子的嚎叫声，但我们没去，而是转身离开了那里。进了电梯之后，没有一个人说话；在地下通道中，也没有一个人说话。似乎有一个悲伤的、偷偷摸摸的精灵鬼怪，一路跟着我们回到了病房。午餐托盘刚刚送到病房中，意大利面条的香味弥漫在整个大厅里。有人问我们上哪儿去了，我们中间那名穿着糖果条纹服的小孩漫不经心地回答说，我们去外面散了会儿步，而我们其他所有人也都默不作声，没有反驳。关于这次冒险，我们每个人都丧失了一些东西，不论早晚，我们都将学会思考该用什么词来形容这份个人损失，但在当时，我们就只是站在值班护士的办公桌前，沉默无言。

第三章　大笑之道[1]

没有一个人跟我清楚地解释过接下来将要发生什么事情。有一回，护士长玛丽确实叫我过去一下。德里克跟在我后面。地板刚刚上过蜡，空气中弥漫着柠檬味蜡的清香。玛丽是我最喜欢的护士之一，她总是很友善，而且，在她端着那个可怕的医疗器械盆走进房间时，她总喜欢开玩笑。那个器械盆里，装的都是注射用的针头。虽然我不怕抽血化验，但我渐渐对手术前的打针产生了一种恐惧。

到这时为止，我已经做过三次手术，包括一次骨头活检。通常，在带你去手术室之前，他们会给你打两次针，每条大腿上都

---

[1] 本章原文标题是"The Tao of Laugh-In"，简译为"大笑之道"。"Laugh-In"是一档美国喜剧小品电视节目 *Rowan & Martin's Laugh-In*（《罗温和马丁的喜剧小品》）的简写，该系列由 Digby Wolfe 创作，主要喜剧演员有 Dan Rowan 和 Dick Martin，从 1967 年到 1973 年 3 月共播出了 140 集，类似于今天的综艺趣剧或情景喜剧。节目的名称"Laugh-In"也明显带有 1960 年代的文化风格，同时期的反文化有"be-ins"（行动干预）、嬉皮士文化"love-ins"等，最早源自反战和争取民权运动的"sit-ins"（静坐抗议）。

会被打一针，这两针打完会疼上好几分钟，就像严重的腿抽筋那样。在这种时候，大多数护士都会提供一些诚恳却没用的建议，诸如"用力按压那个地方！"或是"扣紧你的脚趾头！"但玛丽可不会这样建议。她会俯身站在你身旁，针头悬在那里，时刻准备着，她会以她特有的开玩笑的方式给你讲一些安慰的话，还故意模仿那些新手施害者通常会诉诸的甜言蜜语：现在，这一点都不会让我疼的。

在我进行第四次手术之前，我特地问玛丽能不能让她来给我打针。那次手术的目的是要切掉肿瘤，还要移除一些下巴，好在，切除部分不超过三分之一。当她告诉我她那天正好不值班时，她看似很失望。那天下午晚些时候，在她下班离开之前，她叫我过去一趟。"你明天的手术是项大手术，你知道的，对吧？"

有人告诉我，这次手术需要进行整整四个小时。这无疑会提升我在病友中的地位。虽然我有几次在麻醉后感到恶心，但我其实根本不明白四个小时的手术意味着什么。我对玛丽这样俯身对我说话感到有些懊恼，我告诉她，我完全了解所有的事情。但实际上，我压根没有意识到自己病得有多严重，也一点不清楚将要发生什么。

她直视着我的眼睛。"你知道手术后你会看起来不一样吗？"

看在德里克的份儿上，我开了个关于绷带的玩笑——就是看起来会像"木乃伊"吧。恐怖电影是我和德里克的主要娱乐来源。在只有我们两个人的时候，我们看过有史以来拍的每一部糟糕的怪物电影，我们还曾就此展开过严肃的讨论，比如，加美拉（Camera[1]）这只巨大的日本乌龟是否能够战胜罗丁（Rodin）——另一种长得像翼龙一样的日本怪物。玛丽意识到她跟我的谈话毫无进展，聊不出什么结果。她调整了下身体重心，低下头，让她的鞋子从脚上滑了一半下来，悬挂在她的脚趾头上晃动。她端详了一会儿这种效果以后，又改变了身体重心，让她的脚重新支撑起她的体重。在她离开时，我听到长筒袜在她大腿间摩擦的声音。

第二天下午，当我在术后恢复室中醒来时，我不太清楚自己究竟身在何处，也搞不清楚到底发生了什么事。我浑身酸痛，很想说话，却什么也说不出来。一位肥胖的年迈护士不时拿着一根长长的透明塑料管子靠近我的头部，当我的肺部出现一阵撕心裂肺的剧痛时，管子似乎也消失了。我不知道自己已经做了气管切开术。一直在响的机器声音很大，有一次，我还把护士给逗乐了，他们把一根手指放在我喉咙的切口上，教我怎么说话。然后，我问他们是否可以把机器关掉，这样我才能安稳体面地睡个好觉。我父母一道来了病房一小会儿，他们站在我的床脚边，从似乎很遥远很遥远的地方打量着我。

---

1 日文的罗马拼音一般作"Gamera"，而非此处原文中的"Camera"。

由于重症监护室中没有多余的床位，所以，他们决定让我留在术后恢复室中过夜。我把手放在喉咙上，放在我最新的切口孔洞上，感受着那里温热的呼吸，基本上是热乎乎的，呼出的潮湿气流打在我的手掌心上。这种平稳的颤动，仿佛与我自己无关。在最初的几个小时里，我吐出了在手术过程中吞下的大量血液。渐渐地，我开始期待这种发自肺腑的强烈冲动，我的身体内部释放出这种带有甜腻感的液体。它的味道几乎是令人愉悦的。引流管垂落在我身边的枕头上，它们展示出我体内微微流动的红色和金色液体。一根输液管悬挂在我头顶上方，它不断地滴着，永无止境，这产生了一种催眠般的效果，就好像我在"玛丽女王号"轮船的船尾时所着迷的那片汹涌的洋流一样。如果我能躺着，完全静止不动，那我就不会感到丝毫的痛苦。我打瞌睡，接着又醒来，一整晚都是打打瞌睡，接着又醒过来，在这半睡半醒之间，我脑海中浮现出了自己全身裹着绷带的画面。

奇怪的是，在他们切除了我半个下巴之后，我走路时就开始一瘸一拐。那是手术后的第一天，我准备下床，去趟卫生间，但我要穿过整个四英尺长的病房。这需要做好一定的准备工作，要断开插在身上的各种管子和电线。

"小鬼（chicken-chops）[1]，你为什么走路要一瘸一拐啊？他们并没有对你的腿做任何手术。"

我母亲正在看着护士扶我走路。我喜欢听她叫我"小鬼"，我们家只要有任何人生病，她都会这样来称呼病人。后来，我又回到了10号病房中，不仅回到了我原先住的病房里，而且还有了全天候照顾我的专属护士们。大多数护士只是坐在我的床边看看书，但那天的那位护士喜欢开着电视并将它调到没有声音，然后不停地跟着它一起笑。在我母亲身后，斗败了的狗在屏幕上摇着尾巴，母亲放下她手中的编织物，观看我术后第一次下床的奇特景象。我把手指放在我的喉咙上。

"我不知道。"

光是说出这四个字，我就已经筋疲力尽了。

我走起路来一瘸一拐，这似乎不合逻辑，也让护士和我母亲都觉得有趣，最后，连我自己都觉得这很有趣。我们其实都不明白，人的身体是相互关联的有机整体。

流质食物是术后面临的主要问题。我拒绝吃足够剂量的流食。或者，更确切地说，这就是为什么他们都认为我很没用，我没有

---

[1] 该词字面意思为"鸡排"，"chicken"在英文中有"懦弱的胆小鬼"之意，为了保持上下文连贯通顺，故此处译作"小鬼"。

办法一次性喝下超过四分之一杯的流食。每喝一口，我就感觉喘不过气来，喝两口就会让我精疲力竭，要是喝下第三口，然后再第四口，这会让我觉得我简直理应受到嘉奖表彰。与此相反，他们制作了一张令人尴尬的饮食图表，并把它钉在了门上，上面用马克笔记录着我每次摄入的毫升剂量。他们还威胁我说，要是不吃流食，就永远不取走我的静脉注射器（IV），他们以为这样就能促使我乖乖听话，但他们误判了。要是他们能让我自己一个人好好待着，我倒是很乐意就这样插着一根静脉注射器度过我的余生。

一天又一天就这样过去了，他们每天要求我喝下十杯流质食物，但我仍然只能勉强喝下其中很少一部分。十杯！真是一笔难以想象的数目！他们难道看不出来吗？我知道母亲生我的气了，她开始严肃对待这件事。我该如何向人解释，我其实只是想躺在那儿，与我自己的身体亲密相处一会儿呢？

现在，我知道了我身体的所有节奏，以及它所有的怪癖。我的伤口散发出甜甜的、如影随形的气味，我的手肘和脚后跟的皮肤像冬青浆果一样又红又肿。虽然起初我很怕每天打针，但现在，我甚至一点儿也不介意打针了，甚至变得很期待打针，我喜欢上了它们带来的那种昏昏欲睡的心满意足感。我了解到，我所需要做的就是休息放松，恐惧是最糟糕的部分。我成了一架分解恐惧的机器。即便是极度的痛苦，如果你能对它们保持放松，不去对抗它们，那么，极度的痛苦也可能会变得无害，从而也就不那么疼了。我变得懒得说话，即使医生在我的气管上安装了一个全时塞（full-time plug），我也极少努力说话，就这样，我一次次地把我的词汇量减少到了只剩下几个音节，并像我尝试喝最少量的水那样，小心翼翼地把它们给挤出来。我变得越来越虚弱了。

他们开始通过之前给我插的鼻胃管（gastronasal tube）对我进行鼻饲喂食。每次进餐时，都会有一个写着我名字的托盘，托盘上面的所有食物都被打成了流质，甚至包括火鸡。我请求他们，在将每个容器内的食物倒入鼻胃管之前，好歹先让我闻一闻。只有食物的香味才能让我恢复活力。每当流质食物通过我的鼻腔和喉咙后部时，我能感觉到它们的温度或凉意。最后，在我十岁生日那天，早上五点钟左右，我哄骗一位护士给了我一些橙子味的果冻。这是我一周内吃的第一件东西，我立马感觉好多了。我开始明白，卧病在床不会是无止境的状态，不管是以什么方式，总有一天，我会好起来的。

这一天，全家人都来探望我，给我过生日。我坐在一张轮椅上，仔细盯着他们看，我感觉一切都好极了。我能看出来，家人看到我时都很震惊。他们最后一次见到我，大约就在十天之前，那时，我还是一个完全正常的九岁小孩。我姐姐客气地对我说话，我的双胞胎姐妹也是。她们以前可从来没有对我这么客气过，我知道，我们之间已经出现了某种隔阂。我该如何向他们解释我现在的感觉实际上好多了呢？他们又如何能知道我刚刚经历过什么呢？突然之间，我明白了"探望"这个词的内涵。我在一个地方，而他们置身于另一个地方，他们来探望我，也只是暂时经过这里而已。我们礼貌地谈论学校里的人，家附近的邻居，谈论一些完全无关紧要的事情，因为重要的根本不是谈论的话题，而是谈话这个姿态本身。你可以不把每个句子解析成名词和动词，而是把它们解析成符号与象征，当作是对某个缓冲地带的虚假报告，而我们中间没有人真正拥有过这个地带或想要停留在那里。

我母亲是位非凡的访客（Visitor Extraordinaire）。她每天下午都会过来，并尽可能快速而简单地告诉我关于我身体健康的所有方面或新的进展，然后，她就坐在一张椅子上开始织毛衣。整个探访期间，她一直都在那儿织毛衣。人的在场是探望的重要部分，她明白这一点。她的身体占据了一个靠近我的身体的空间，除此之外，就没有任何其他表示了。其他探访者则显得更尴尬——家里的亲戚朋友们也会路过来看望我，他们手足无措地站在我身边，待上好多分钟，试图跟我说话，而我那时只想让他们都坐下来，放松放松，最好一个字也别说。

我父亲是最糟糕的访客。他喜欢用诙谐的双关语，每天都会想出一个比一个更可怕的双关语。他明显排练过怎么使用这些双关语，但在这种例行公事后，便是尴尬的沉默，接下来，他又该做些什么呢？有时候，他会戴上一个外科口罩，并开玩笑说他是"爹地医生"（Dr. Dad），我早就见过很多其他孩子的父亲对他们开过同样的玩笑了。接着，由于失去了表演动力，父亲会坐下来，专心地盯着我的静脉注射滴液。他可以这样坐上很长一段时间，就像是要亲自哄每一滴药水凝结成形并落下来似的。我深知，这种探望对他来说是多么艰难，他可能也知道，这对我来说同样难熬。

在经历第一次大手术之后，以及在未来几年住院时期的某些下午时分，我都会在大厅老远处就辨认出我父亲那特殊的步态。他一般会在午休时分过来，不过，他也没有太多时间来探望我，因为他工作很忙。我们俩都心知肚明，他的来访对我们双方来说都既煎熬又悲伤，所以，就算他只是偶尔过来看看也没有关系。有一天，我听到他的脚步声缓缓向我走来。但我还是小心翼翼地上了床，并闭上了眼睛，虽然我至今也不完全明白，那天我为什么要那么做。他粗重的呼吸声和硬底鞋发出的声音表明他已经走进了房间。他沉默地站在我身旁约莫有一两分钟，若有所思。我听到双手在外衣口袋中摸索了一阵儿，接着是纸的褶皱声，还有笔尖在纸上发出的沙沙声。然后，就在一瞬间，这一切动静都消失了，它们从病房中消退，却又留下了空寂，那是一种特别而又沉闷的空洞之声（specific, hollow sound of emptiness）。我睁开眼睛，在床头柜上找到了他留给我的便条，上面写着："露西，我来过了，但你睡得正熟。我不想吵醒你。——爱你的爸爸"我觉得，我的装睡让我们俩都摆脱了困境，但在那之后，我的一整个下午都显得没完没了、万分煎熬。

渐渐地，我开始好转。我逐渐有了力量，各种各样的管子都被移除，走路时也不再那么费力了。但是，我仍然不想开口说话。在我不能只靠点头来回答别人时，我会简单地说声"是"或"不是"。我力图使人们相信我说话很困难，但我母亲知道，事实并非如此，她也为此不断地责备我。有一天，我独自一人在病房，玛丽进来了，她非常随意地宣称我看起来已经好多了，现在，有人需要入住这个病房，再加上这个病房里没有多余的床位，所以，我得转到上面的楼层去。她离开的时候和来时一样漫不经心。这是我第一天没穿病号服，我穿的是一件普通的衣服，是别人作为礼物送给我的蜘蛛侠衬衫。一股后悔之情随即涌上我的心头。也许，要是我没有穿上这件衣服，他们仍然会认为我病得很厉害，那样我就可以留在病房了。几分钟之后，一名医务助手进来帮我收拾行李。我找了个借口，进了卫生间，在那里，我不可遏制地哭了起来，那是我住院以来第一次哭。

他们怎么能像这样把我赶出去呢？我好不容易才相信，那里的护士们都喜欢我，他们是我特别的朋友，但现在，我只觉得自己被抛弃了。直到那时，我才开始意识到，我已经习惯了被人照顾。我甚至都不用自己洗脸。尽管我很讨厌向母亲让步，但我知道我已经变得太过被动。一股华丽丽（ornate）的悲伤涌上心头，我感到五味杂陈，甚至不知道自己在为什么东西而感到悲伤。幸运的是，我马上就感到疲惫不堪，所以，我也就只哭了一小会儿。我擦干了眼泪。我为自己感到羞愧，然后，我回到房间，帮医务助手把我的个人物品打包到一个一次性、可丢弃的红色塑料袋里，袋子上还用大写的大黑体字写着"警告：危险废弃物！"（WARNING: HAZARDOUS WASTE）。我母亲很早就把我的过夜衣物箱带回家了，因为它太占地方了。

新病房的布局和10号病房一模一样，只是，这里面住满了不同类型的病人。这里都是一些十几岁的女孩，她们彼此相识，咯咯咯地笑着，讲着一些我听不懂的关于医生们的笑话，尤其是一位叫作西尔弗曼的医生，她们似乎都很喜欢他。其中有一位女孩，她留着长长的黑发，还有一双可爱的深色眼睛，她一遍又一遍地念叨着他的名字。我跟她说，她声音特别好听，简直都可以上广播电台做主播了。她听后看起来很开心。这些女孩个个都瘦骨嶙峋；那时的我，对厌食症一无所知，我很想知道她们这是怎么了？除了她们的体重以外，我看不到任何明显的伤疤或生病的迹象。其中有一个女孩，瘦得都走不动路，只好坐在轮椅上，而其他女孩则推着坐轮椅的她行走。她的胳膊太细了，肘部看起来就像是一个巨大的肿块，她的手也很夸张，就像是一个辛勤劳作了一辈子的劳苦之人的手似的。她们都比我大一些，已经进入了那神秘而又令人艳羡的青少年阶段，但是，她们手上戴的姓名环带都只是幼儿的尺寸，因为她们的手腕娇嫩而纤细，也只有这些小尺寸刚好适合。

我在新病房里住了一个星期，但我从没打算要在那里交朋友。德里克来看过我一两次，但后来，他也出院了。因为想回家，我的身体也开始好转。每一天，我都感觉自己越来越强壮，但也愈发无聊。我的胸前仍然有黏稠的圆圈，那是做心电图后的残留物，我的指尖也布满了小黑痕，那是每天抽血化验留下的针孔，但是，我的身体又重新是我自己的了。虽然我已经看过我的脸，仍然肿胀着，脸上还有一道长疤，但我并没想过要仔细看看我的长相。我的下巴缺少了一部分，但极其严重的肿胀持续了两个多月，恰好掩盖了这个缺陷。不管怎么说，在做手术之前，我对自己长什么样也并没有一个清楚的认识。我对自己的假小子作风充满自豪，我还固执地瞧不上任何想把自己打扮得漂亮的女孩子，我也没有努力想把自己打扮得更有女孩样。记得曾经有一个叫凯伦的同学，跟我说我很漂亮，在三年级时，还有两个男生要我做他们的女朋友，这些事都让我感到困惑。在德里克夺走了我的初吻时，我也为他有这种想亲我的念头而十分震惊。在我终于回到家的那一天，我只是觉得应该为自己新得的、戏剧性的伤疤而感到自豪，我还渴望能够四处炫耀它。

这一学年的课已经结束了。无尽的夏日在我面前铺陈开来，引人陶醉。家人不允许我游泳，因为我气管上的伤疤仍未痊愈，还新鲜而柔软，喉咙上还有一个粉红色的按钮塞，但我并不介意。我是一个英雄。邻居们会在热气腾腾的人行道上拦住我，问我近来身体如何。在我的邻里小伙伴中，埃文是我最亲密的朋友，他和其他男孩似乎都对我的医院故事（我由衷地美化了这些故事）和我的成功妙计而印象深刻——因为我不必补我缺课两个月以来的学校功课。

一天下午，我和埃文在他家客厅里玩一场错综复杂的丛林游戏，他父亲正好路过客厅去厨房。他在门口短暂停留了一会儿，接着，他直接转过身来问了我一些问题。我知道他妻子几年前死于癌症，但我无法想象，他现在看到一个同样患癌、有着同样前景的小孩时又是怎么想的。他是第一个对我提起化疗的人，他就那样凝重而悲伤地看了我一分钟，然后问我知不知道化疗这回事。有人告诉过我，我要接受化疗，但它被轻描淡写了，我以为是另一种药物、另一种注射类点滴，又或者也许是会让我有点兴奋、脸色发红的一次打针，仅此而已。我有过一些不愉快的拍片经历，要把一些染料注射进身体，那会让我变得头晕眼花，眼前的世界瞬间变得模模糊糊且云蒸雾绕，但它也不至于糟糕到让我无法再次面对它。

我的解释有些出乎他的意料，但由于他没能或不愿说完他已经提及的事情，他便含糊地提到了一些其他事情，有关我的身体会发生一些化学变化，有关我的头发可能会受到一些影响之类的情况。我并不知道他在说些什么，但我感觉到了一些我本不想知道的严肃之事，于是，我跟埃文开了个玩笑，说我的头发会变成绿色，眼睛会变成紫色。这是第二次有成年人想要直接、认真地询问我的身体状况，我也是第二次试图打马虎眼搪塞过去，转移话题，不愿正视它。

在我六岁的时候，"死亡"就已经成为我日常词汇中的一部分。我们家养过一大堆家庭宠物，但最后都死掉了。在这一长串的死亡名单中，沙鼠是新近才死的。当时，我和我十二岁的姐姐苏茜一起，准备在屋后处理沙鼠的尸体。大约在一年前，我们的狗狗卡西死了，尽管我也很想念"她"，但在当时，我还是对苏茜在狗死后几天里那些没来由的眼泪和坏脾气而感到困惑。现在，沙鼠也死了，虽然我对"他"没有太多的依恋，但我还是很难过。他躺在"A&P超市"[1]的一个棕色购物纸袋上，很快，那就成了他

---

[1] "A&P超市"的全称为"the Great Atlantic and Pacific Tea Company"（大西洋和太平洋食品公司），创建于1859年，是美国历史最悠久的超市运营商之一，其总部位于新泽西州，拥有A&P、Waldbaum's、The Food Emporium、Super Fresh、Pathmark与Food Basics食品公司，于2015年申请破产。但它在美国历史上，曾是风靡一时、占主导地位的大超市之一。

最后的裹尸布。他的皮毛以一种奇怪的方式分开，而后又聚拢在了一起，这说明他已经死透了。我摸了摸他，我简直不敢相信他竟然这么僵硬，身上这么冰冷。苏茜拽着他的尾巴把他拎了起来，突然，阳光照亮了他那还睁着的呆滞的眼睛。一个奇怪的想法从我脑海里冒了出来，那的确是一个特别荒谬的想法，所以我想，它应该不会是真的。那怎么可能会是真的呢？哪怕我只是单纯说出这个想法，苏茜肯定也会嘲笑我，但我觉得，不管怎么样，我至少都得问问，以确保我自己的思绪能够平静。

我停顿了片刻，思考了下该如何措辞才能最好地表达出这个想法。最后，我选择从反面出发来问这个问题。

"人是不会死的，对吗？"

苏茜用我意料之中的惊讶表情看着我，她那被逗乐的淡淡笑意似乎在告诉我，我的恐惧是毫无根由的，但是，她的反应反而证明了一件事，也即，你永远不应该问自己十二岁的姐姐任何事情。她开始用一种欢快的声音详细向我描述，你会如何被埋进寒冷黑暗的地下，你的皮肤会如何从骨头上脱落，你的眼珠子又是如何掉出来的。宛如受到真正灵感的激发，她还开始唱起歌来：

蛆虫爬进去，蛆虫爬出来，
从你的胃里爬进去，从你的嘴巴里爬出来。

我不怪她。我是个容易上当受骗的人，要是我处在她的位置上，我也会做同样的事情。人的一部分特性，就是始终会低估我们对其他人的影响，对一个十二岁的孩子且做姐姐的人的特殊身份而言，残忍是有其必要的。

当我们一起站在房子后面的车道附近时，苏茜并不知道她刚刚在我内心至深处根植下了什么东西。没有一个人知道，我的父母、老师或朋友们也都不知道，因为我根本不会和任何人讨论它。如果有人在我面前提到"死"这个字，我会当场崩溃。晚上，我开始做梦，我梦见自己被人抬走，一个人待在一个黑暗、冰冷的房间里，里面堆满了尸骨，等我一走进去，那堆白骨就会苏醒过来，接着在我身旁跳舞。我们家门前的台阶上，有一个又小又黑的洞，它没有通向什么特别的地方，但是，在我新近做的梦中，它就变成了通往令我恐惧的那个世界的大门。在那个世界中，人们都没有头，或者说，要是他们有头的话，他们的脑袋里也满是蛆虫和甲虫。等待着我的就是这样一个世界，我根本逃不出死亡的手掌心，随着日子一天天过去，我的想法也越来越疯狂。要是我看的某场电影或某档电视节目中有什么人死了，我会吓得躲进被窝里。我有一个不太熟识的同学，曾经惨死在一场大火中，我确信，在某种程度上而言，我也对此负有责任。

如果死亡就是我们不得不面对的可怕结局，那我们为什么还要出生呢？那个六岁的我，有着自己的恐惧和疑问，正当我私下里对此沉迷并感到困惑时，救赎却出现在了最出其不意的地方——一档叫作"大笑起来"（Laugh-In）的喜剧小品电视节目，它混杂着我理解不了的性暗示和政治指涉。节目中有这么一个重复的小品，里面有这么一出场景，一个衣衫褴褛、精疲力竭的人终于爬上了一座大山的山顶，山顶上坐着一个留着长长白胡子的男人。登山者问大师："啊，大宗师，生命的意义是什么？"当然，答案总是会很愚蠢，通常还会导致登山者从山上掉下来。我曾在动画片"B.C."中也看到过提及一座山和大师的这类场景。接着，我有一次看到国家地理栏目指出，这座山和山顶的大师在一个叫作西藏的地方，这是个确切存在的真实之地。我立刻去找我父亲。他正坐在客厅里的红色沙发上看书，因为他的身体过于习惯这个姿势，为了让他坐得更舒服一点，沙发上甚至都形成了一个陷下去的凹洞。在父亲死后，我常常蜷缩在这个凹陷下去的空间中，和猫们一起躺在那儿，那里有他身体形状的凹痕，让人感到温暖，就像一只幽灵般的手在抚摸我的头发一样，让我感到很安心。

"爸爸，去西藏的机票得要多少钱？"我没来由地问道，也没有对我的问题多做解释。

他的眼睛往头上的方向扬了扬，他还皱起了额头，好让我知道他正在思考。他低头看着他的手指头，假装是在计算，自言自语着。就这样持续了一分钟之后，他转身看着我，就像对待一个成年人一样。"要一百万美元"，他宣称，也像我问他问题时一样严肃。我谢谢他告诉了我，然后，我就离开了。对于一个六岁的孩子来说，一百万美元和一百美元一样费解且高昂，但我还是打算要开始存钱。我知道，这可能需要花费一些时间，甚至可能要花费好多年。

渐渐地，我对死亡的痴迷便被其他的痴迷所取代。此外，关于"活着有什么意义"这个问题，我每天也都有了一些新发现。但是，还是有很长一段时间，我在晚上入睡时都在想象着那座山，那场漫长而艰苦的攀登。我像其他人一样睡前数绵羊[1]，我数着攀登山峰的每一步，每到成功登顶的那个夜晚，我都会提出我的问题，特别渴望听到每一分钟回答时的振动声音，我坚信，想要知道我想知道的问题的答案，我只要锻炼出完美的听觉能力就行。真理是真实存在的；它只是隔得远。

在我生病时，我早就忘了沙鼠带来的死亡创伤，我也从来没有想过，死亡会与我自己有什么直接关联。这与其说是逃避，倒不如说是一种简单的信念，也即，永远、永远也不会有什么不好的事情会发生在我自己身上。有时候我也在想，是不是正是这种质疑死亡的信念才让我得以存活了下来。甚至到了后来，当我无可逃避地意识到自己真的病得很严重时，我也不觉得发生在我身

---

[1] 因为绵羊（sheep）和睡眠（sleep）两个词相像且头尾都押韵，所以，西方人睡不着时有数绵羊的风俗传统。

上的事情是极度危险致命的。尽管我已经知道了人会死，但我从没想过这是在隐射我自己的死亡。

后来，在我青少年时期，我在一家图书馆打零工。有一天，当我重新把书摆放回书架时，有一本关于儿科肿瘤学的书引起了我的注意，因为我发现书中的医学病例中有我自己。我把这本沉重的书拉了出来，放置在桌上，打开到索引部分，并仔细查看了我得的癌症——尤文氏肉瘤。我把书翻到对应的页面，阅读了有关它的各种表现形式的简要描述，在它的描述前面，还有一张死亡率的表格。据合理估计，这种癌症的存活概率为百分之五。

这本书的纸张很厚重，几乎全是奶油色的，我用手指抚摸着这些字母，它们太黑了，我几乎能感觉到它们在纸页上的凸起。我抬起头来，脑袋里嗡嗡的。图书室里空空荡荡，光线也不太好，还有成堆的书在等着我去整理上架。百分之五的存活率。我觉得自己有必要说点什么，但是，当时也没什么人在场，况且，我也不知道自己该说些什么。我把手放在了我的脖子上，感受着那里的脉搏跳动，我站在那儿足足有好几分钟，几乎处在一种要走动、说话、坐下或是做点什么的冲动之中。接着，这种冲动便消失了，而我处在它的另一端，那种感觉就像是我忘记了做什么事情一样，一些我本想记下来，但又不小心让其溜走的名字、物体或是情感。最后，终于有人走进了图书室，冬靴的咯吱咯吱声打破了馆内的宁静。我转过身，伸手去拿另一本要摆放上架的书。

第四章　恐惧本身

纽约市的街道井然有序，有一套它们自己的系统。掌握它们的布局会给人一种力量感。虽然在很大程度上而言，纽约的布局是一个巨大的网格，但与巴黎或伦敦这样的迷宫城市相比，它非常容易走街串巷，这么说好像也没什么特别的。它的力量从你眼前的人行道上升起，蒸汽时断时续地逸出，仿佛这一整个地方随时都会爆炸，那些已经被炸得四分五裂的人就躺在它的裂缝褶皱里，而与此同时，这里又有一份缥缈的允诺，一种轻微哄骗的甜言蜜语，它表明一些重要的、剧变性的事情即将在此发生。

母亲和我每周有五天要开车进城，每周如此，就这样持续进行了两年的放疗和化疗，然后又是持续了半年、每周一次的化疗，直至癌症治疗结束。大多数的化疗时间都安排在星期五，也有定期的"休假"。早上，我母亲在我们当地的一家疗养院上班，她中午会回家来接上我一起进城。我们住在近郊，从那里上车后，开车不到一小时就能经过帕利塞兹州际公路（Palisades Parkway）

相对郊外的地段,我们再一路驶过乔治·华盛顿大桥[1]、跨过哈得孙河,而后,我们便置身于另一个世界的中心。广告牌上用西班牙语宣传着美好的生活,古老的鹅卵石在沥青路面上成片地出现,沥青在夏天时仿佛在颤动着,散发出气味,在冬天时则闪耀着黑色的光芒,显得坚硬而冷酷。怪诞的身影无处不在,但它们并没有吓到我,它们也没有吓到那些脏兮兮流着口水的疯子、无家可归的人和醉汉。我敏锐地感受到了我们所有人之间那广阔无垠的鸿沟,人们似乎也已经准备好了要跨越这些布满鸿沟的城市空间。即使在我被吓到的时候,这座城市也叫我印象深刻并让我叹为观止。这里就像是充满坚毅和力量的恒久和弦,它协调着这座城市中所有不同类型的音符,无意间听到的一千零一串谈话片段,都是被瞥见的人们的百态人生。

母亲和我经常驱车数英里来到纽约城的中心,我们各自沉浸在我们自己的私人内心旅行中,车上弥漫着从前排座位的收音机里发出来的声音,像让人昏昏欲睡的麻醉剂一样。等我们进了城,要经历惯常的泊车考验,在这之后,我们便一起默默地走上几个街区去医院。这是我们曾经经历无数次的例行公事,它对我们俩来说似乎都已习惯成自然。

---

[1] 华盛顿大桥是跨越哈得孙河的收费悬索桥,是纽约市的一条重要交通要道,连接纽约市曼哈顿与新泽西州李堡。

放射治疗科位于医院内的纵深处，在一个特别建造的区域内，那里的水泥墙足足厚达数英尺。我的"放射科治疗师"克里斯解释说，因为建筑要遵循严格的医疗规章，所以墙壁才会建造得这么厚。克里斯把手放在原本无毒的淡黄色石灰墙上，然后，她以诚恳的语气告诉我，人们在接受放射治疗时必须多加小心。她自己穿着一件厚重的、绿色铅制工作服。她也让我拿过一次这件工作服，它几乎和我体重一样重。

在我第一次来医院时，我可以看出来克里斯非常希望我能将她视为"一个朋友"。她有一头金发，她的手臂强硕而健壮。她的制服是一种不合时宜的黄色，与黄色的围墙有些撞色。整个放射科室给人的感受，跟在医院其他部门很不一样，这种感受起初是一种茧状的质感，就像是你被困住了似的，另外，还会夹杂一种真诚的愿望，努力想让这个由铅和水泥洞组成的地方变得更加人性化一点。这里的工作人员会在接待区的墙上挂上他们的全家福，如果他们没有自己的孩子，他们就会挂上特别可爱的猫和狗的照片。治疗室的天花板上装饰着猩猩和小狗的图片，猩猩的海报上写着"每次我一弄清规矩，他们就会改变规矩"，小狗的图片上面则写着"感谢上帝，今天是星期五"，当我仰卧在治疗室中，它们就会吸引我的注意力。

放射治疗本身是一件轻而易举的小事，但它大约和拍 X 光片一样复杂。我会爬到桌子上，而克里斯会穿上她的铅制工作服，然后再关掉灯。天花板上是笨重机器的运行轨道，机器里面的灯光会照射在我的脸上，等待着与我脖子和脸上打了叉的马克笔标记吻合对齐。"屏住呼吸！"的命令会从角落里的某个地方传来，而我会尽可能地深深吸一口气。每当这时候，我几乎总是会想到我看过的一部电影：在一场海上灾难中，电影里的主人公为了救其他人，不得不在水下游了很长一段时间。我想象着自己和他一道屏住了呼吸，我想知道我是否也有拯救其他人的这种能力。我相信，一个人应该时刻为紧急情况做好准备，于是，我开始努力提高我的憋气能力，而躺在轮床上进行放射治疗，似乎是预演海上灾难的一个绝佳之所。当我头顶上的机器发出咔嗒声并轻轻旋转时，我的身体因为吸满气体而膨胀了起来，它几乎难以察觉地在颤抖着，渴望让气体全都从我体内消失、排除出去，好让我的身体恢复原样。就在我准备放弃所有希望，任由咸海水灌满我的肺部时，克里斯的声音再次从阴暗的角落里响起。

"呼气！"头顶上的灯亮了，克里斯出现了，这时的她并没有穿那件铅制的负重工作服，她帮我从治疗桌上下来，至此，放疗就结束了，直到第二天，这一切再重新开始。

如果放疗被安排在星期一、星期二、星期三或星期四，这就是那天的一整个过程。我在等候室中找到母亲，然后，我们会乘坐很长时间的电梯回到街道楼层，回到车上，然后再往家里开，希望能避开高峰时段的车流。但星期五是不同的。每到星期五，通常在三点钟左右，是我与伍尔夫医生在化疗科约见的时间。

在我第一次与伍尔夫医生预约会面之前，我已经接受了两周的放射治疗，尽管埃文的父亲早早给过我警告，但我在接受化疗时还是毫无预备。那时候，对我来说，放射治疗似乎是个好主意——它占用了上学的所有时间，也没有痛苦，或者至少在当时来说还不痛，而且，我还能享受和母亲一起开车进城时的那段沉思之旅。提起化疗，我唯一能想到的一件事就是每周打针的场景，因为那就是我所认为的化疗——打针。如果说我对最初的手术状况视而不见，也对化疗的警告视而不见，那么，一旦我踏入化疗诊所，我便对即将发生的事情有了初步印象。

化疗门诊部陈旧而单调，与新建立的放疗科形成了鲜明对比。主要的等候区位于一个使用频繁的大厅的一侧，这是医院的一条主要通道。它是完全开放式的，就像一个休息室，墙上挂着一些名人的深色油画肖像，我从不想费心去了解这些人的名字。这里的沙发和椅子上覆盖着深绿色的人造革，地板是黑色的瓷砖，上面有几近磨损的白色痕迹。在这里，我母亲不准吸烟，这差点让她抓狂，尤其是因为在两年半的时间里，我们得一周又一周地来这里等候。有时候，在我们的约定时间过了之后，我们还不得不继续等待至少两个小时，直到我的名字被叫号为止。

等候室里的其他人让我着迷。我们所有人看起来都很疲惫，尽管每个人的相对健康状况似乎差异很大。久病成医，就医多年以来，我也成了看病的专家，我可以根据每个小孩的外表诊断出他们正在服用什么药物。有的人看起来臃肿又无精打采，有的人则瘦得像根竹竿，而且，几乎每个人都处在脱发或长头发的某个阶段。帽子、围巾和假发，遮住了人们裸露的头皮。第一次来到化疗科诊室时，我感到自己与周围的一切格格不入，感觉我和他人之间遥遥相隔一百万英里。

我们终于来到了伍尔夫医生的办公室，我母亲在漫长的等待中都快要发疯尖叫了，我们看到了他的电话，那显然是一个永久性的随身配件。他可以跟我母亲、我、他的护士、他在大厅里的秘书以及电话上的某个人同时聊天；他把这发展成了一门艺术。我母亲认为伍尔夫医生非常粗鲁，她是对的。伍尔夫医生的态度既粗暴又冷漠。在第一次给我做检查时，他那粗大的手指用力按压我的腹部，并撬开了我仍然僵硬的嘴，我只能在他的粗暴举止下畏缩。他的外貌也于事无补。他身材高大，五官宽阔，已经秃了顶，额头上还有一个奇特的大白点，它在阳光下更显突兀、阴森可怕。他的鼻子巨大，嘴唇又似乎看不见。他吓坏我了。

他的办公室和候诊室一样单调乏味，所幸的是，这里有一个多层的大窗户，从中可以看到一个被精心照料的庭院，庭院里种满了一排排蓝色的花和爬满了常春藤的树。我大部分时间都看向窗外。我花了很多时间强迫自己往窗外看，即便是第一次来这里，我也知道，这个房间与我格格不入。关于化疗室特殊的内部，我唯一想知道的是它含蓄的外部景观，它的存在与我、伍尔夫医生、我母亲、治疗台都无关，治疗台还特别高，我靠自己根本爬不上去。又或者，我真正关注的是那两个六十毫升的注射器，它们都在无菌包装中耐心地等待着我。

比起后来所有的检查，我第一次的检查要更为彻底。我被要求脱光到只剩下内衣，我照做了，感到暴露和被羞辱。医生还在跟护士、我母亲和夹在他下巴上的电话里的某人通着话，他用手戳了戳我，用他的反射锤稍微用力敲了我一下，他说话的声音也特别大。当他触摸我时，我感觉他的声音在我胸口震颤，感觉它们正穿过我的体腔下沉，那种感觉就像一辆汽车从你近旁驶过时你的感觉一样。他拿出了一条止血带，把它紧紧地扎在我的胳膊上，勒得我生疼，就像游乐场上的小孩子故意掐人那样难受，我的皮肤像是挨了一拳一样发烫，尽管我用尽了浑身所有力气，但我还是哭了起来。不过，哭得不是很大声，甚至也不是很猛烈，只是简单洒了几滴泪而已，它们和我流过的所有眼泪一样，既准确又有预见性。

蝴蝶针——以其呈扇形展开的翼状针头而得名，针头从短而精致的圆柱状主体中伸了出来——插进了我的胳臂，我几乎感觉不到它纤细的刺扎。因为它就插在我的胳膊弯里，所以我不得不胳膊僵直地坐着，笨拙地伸着胳膊，有着过度的自觉。我身上开始变得暖和起来，手肘部开始酸痛。有那么短暂的一秒钟，一秒钟里的某一个微渺瞬间，那种感觉几乎是令人愉悦的，那是一种灼热强烈的、知觉到肉身的感觉，我的身体意识到了它自己是一具身体，一个存在于世间的事物。但它马上就吃不消了：我能感觉到，我的胃壁呈弧形伸出，然后又痉挛般缩回原状，就像一些五颜六色的受惊海葵一样。

那像是一堂解剖课。我从来不知道人其实可以感觉到（feel）自己的器官，你能感觉到它们，就像你感觉得到嘴里的舌头或者牙齿一样。我的胃为我勾勒出它自己的轮廓；我的肠子，我的肝脏，还有一些我叫不出名字的部分器官开始升温，它们随着自身的温度升高而颤抖，挤压着我的内脏、我胃部的肌肉、我的背部，还有我的肺部，交替着收缩和摩擦撞击。我很想瘫倒，倒回桌子上，或者更好的情况是，头朝下倒在冰冷的地板上，但我不能。化疗注射才刚刚开始；这支注射器还只是半满，第二针注射还没开始，都要打完才行。我的头开始疼了。我不确定我的大脑是在收缩还是在肿胀，我眯着眼睛环顾这间办公室，我看到每个人、所有事物的周围都笼罩着一层黄绿色的光晕，就像一些令人毛骨悚然的宗教画一样，对此，我一点也不感到惊讶。

我的身体想要把它自己给翻转过来，它一波又一波地做着努力，试图去摆脱这看不见的入侵者，这势不可挡的剧毒液体。我因剧烈的起伏而颤抖着，在他人看来，这倒更像是惊厥般的抽搐。有人把一个金属脸盆递到我面前，我便迅速把我消化系统里的所有东西都吐进了脸盆，不止如此，我还吐出了消化液本身，几勺可怜的绿色胆汁，接着，我就只能干呕了，在剧烈疼痛却吐不出东西来的胃部痉挛中大口地吸着气，又呛吐出空气。最痛最伤人的是肚里空空。当我的胃能吐出东西时，它还很乐意这样做，但是，当它空空如也而抽搐仍然来临时，它会以更大的自我怨恨向内部挤压，我的胃是在通过更用力的挤压来惩罚它自身的匮乏。

渐渐地，一波又一波的呕吐终于平息下来，徒留一种让人无可奈何的恶心感，这种恶心似乎不仅关乎我的胃，而且也关乎我整个人，甚至是我的脚和我的头皮。由于呕吐的缘故，我的鼻窦又肿又痛，但那时的我，其实都不知道什么是"鼻窦"，我只好跟医生报告说我鼻子疼。伍尔夫医生看起来很困惑，但他也没有再进一步问我任何问题。有人帮我把衣服给穿好了；我不记得自己是怎么走回车里的。

我躺在车后座上，天空蔚蓝得近乎透明，它在车窗玻璃上不间断地移动。回家的路途很简单，从桥上开到公园干道，接着，离开公园干道，再沿着几条街道驾驶，然后再上回家的主车道。下了桥之后，就只有半个小时的路程，我算了一下，从启程到终点，一共只有九次转弯。我从这个陌生的有利位置凝视着天空，天上没有寻常的可见地标，我试图猜测我们现在身在何处。每当汽车转弯时，我都试图想象出它正要转向什么地方：14号高速出口、超市、拐角处的石屋、我们家的房子。沿途的某个地方，我给搞混了。我以为我们至少还要转两次弯才到家，但突然之间，我感觉到车道在上升，我便知道我搞错了，这将是最后一次转弯了。多年以来，我的这种"心理驾驶"（mental drive）技术日臻完美，即便在我快要睡着的时候，即便在这种心理驾驶节奏被打断——比如，我会开着开着突然就很想呕吐，母亲在车座下面放了一只厨房用搅拌碗——的时候，我也能够驾轻就熟。

第一次化疗回家后，我记得，我的感觉并没有那么糟糕。我开始觉得好像没那么恶心了，或者至少，我还能够控制住它。父亲建议我吃点东西：也许可以吃一点冰淇淋。我头晕目眩，坐在厨房的桌子旁吃了几勺冰淇淋，我的父母有所期待地看着我。

"露辛达·玛格[1]（Lucinda Mag），现在没那么糟糕了，对不对？"我父亲问道。

我点头说是，又故意舀了一勺混合着香草、巧克力和草莓味的冰淇淋送到嘴里。说话似乎也成了一件很累人的事情。

但我的胃在反抗。我迅速站了起来，快速走到水槽边，把已经变成液体的冰淇淋给吐了出来，它从胃里翻涌上来时仍然还冰冰凉，甚至让人感到镇静舒缓。不知为何，我开始哭起来。母亲把手放在我头上，试图安慰我，等安抚好我之后，她开始跟我解释说，没必要哭，一切都会好起来的，不许我哭。

---

[1] "玛格"是作者教名"玛格丽特"的简称和昵称。

她怎么知道我会这么认真地听她的话呢？母亲继续跟我解释说，她之前很失望，因为我甚至在伍尔夫医生给我注射之前就哭了，那时的哭就只是因为恐惧，母亲说我不应该害怕，因为一切都会好起来的。事后哭则是另外一回事，因为她也知道那很疼，可是，我为什么事先就哭呢？在这以前，我不是一直都很勇敢吗？

我朝自己刚刚呕吐过的水槽上方的厨房窗户往外面看。窗户上的大部分空间都被吊兰的插条占据着，棕色而缠结的根茎填满了放在壁架上的各种各样的玻璃杯。还有一系列陶瓷制的小房子，以及多年来累积收到的各种礼物和纪念品。然而，就在这窗户外面，那些杂草丛生、参差不齐的杉树遮挡住了清晰的视野，完全看不到前院的草坪或街道。

有时候，最短暂的瞬间会让我们着迷，迫使我们好好领受那一刻，并要求我们在余生中仍能记起它们。母亲说的那些话是什么意思？我当时就懵懂地知道，现在也仍然知晓，她是在为我而感到恐惧。如果她能以某种方式说服我不要害怕，那我们就可以团结起来。她自小所仰赖的一条自明之理便是：除了恐惧本身，就没有什么好恐惧的了。我母亲不知道该如何战胜我所恐惧的东西，她甚至没有办法告诉我，人们要怎么做才能做到自己不去恐惧。相反，出于她自身的恐惧，母亲提出了她自己的那套哲学，它意味着，在这种情况下，我应该通过不哭来克服恐惧。这是一句简短的大白话,一个转瞬即逝的想法,她可能都不是想表达这层意思,她甚至也不记得她自己曾这么说过,但是,我永远也忘不了这件事,要是能有办法摆脱掉这种痛苦,我甘愿做任何事。当我下楼回到自己的房间时,我暗下决心,再也不许哭。

我保持卧室内灯光昏暗,接着,再看着光线从我旁边墙上的电视中不断变色。每隔一小时左右,我就有强烈想呕吐的冲动,想俯下身子、冲地板上的搅拌碗里面呕吐。我持续不断地喝水,以便有东西可吐。每当呕吐一结束,我感觉由内脏组成的整个大陆都好了起来,刚才还难以忍受的强烈恶心,突然也变得可以忍受了。那种恶心就像伪装的一样,我刚刚还误以为,我连一秒钟都忍受不了了。我躺在枕头上,既感到精力充沛,又觉得疲惫不堪。渐渐地,在接下来的一个小时里,难以忍受的感觉会再次袭来,更加微妙、更加险恶,直到我不得不再次支起身、俯在床沿上,呕吐进床下面我那亲密的碗中。这样来回呕吐的情形,持续了一整个晚上。

第二天,我感觉好多了。恶心和缓和之间的每一次循环时间会逐渐拉长,因而,我每隔四个小时才会呕吐一次,再渐渐地变成每六个小时一次,一晚上只需要吐三回。第三天是个转折点。实际上,我可以吃一些无害的东西了,比如木薯粉。我很快就学会了如何辨别食物,不是根据吃它时的味道,而是根据我把它吐出去时的味道。香草布丁是最美味的,虽然吐出来时就变成了一种惨不忍睹的颜色，出于纯粹审美的缘故，这让我后来选择只吃巧克力。我尝试着把巧克力吃下去，在胃里存放足够长的时间，这样我就可以在我的胃再次反抗之前消化掉大部分——甚至可能是全部——的巧克力。

在某天傍晚时分，我终于感到轻松舒畅。一开始，它只是一闪而过，只有一瞬间，但就在那一瞬间，我突然明白，我会好起来的，这一切都会结束。我从床上坐了起来，感到全身的力量都在支撑着我。过了片刻，我又感到不适，我头上的神经开始抽痛起来，但一个小时、也许是两个小时以后，这种轻松的感觉又会回来，它只会停留几口气的工夫，然后再一次离我而去。下一次的病程会稍微短暂一些，就这样，它持续了一整晚。第四天，当我醒来时，我只是觉得有点虚弱，有点疲惫，但心情愉悦，精神焕发，那种乐观（sanguine）、舒适的感觉，就像人们在完成一些伟大的体能壮举后的感觉一样。就好像我游过了英吉利海峡，就好比我攀登上了艾格峰[1]（Mount Eiger）。

我坐了起来，倾听母亲的脚步声，还有狗狗的爪子敲击瓷砖地板发出的咔嗒声，一棵树遮住了我窗外的视野，它把阳光摇碎，

---

[1] 艾格峰（Mount Eiger）海拔3967米，位于瑞士因特拉肯（Interlaken）正南处，是瑞士境内的阿尔卑斯山脉群峰之一，与少女峰、僧侣峰并排耸立。艾格峰的北侧异常陡峭，平均坡度70度，垂直落差1800米，敢于挑战它的人需要高超的攀登技巧和过人的勇气，这里也是国际登山界公认的难关。

在蒙尘的玻璃上洒出斑驳的光影。我搞不明白，如此长时间以来，我怎么会忽视这些事物所带来的纯粹乐趣，直到这一刻，我才明白，我错过了多少它们那简约质朴中所蕴含的复杂深意。这种无足轻重的"现时性"（now-ness），这种狂喜，有时会在我身上持续一整天，至少在那天下午，它持续了很长一段时间，直到我该回医院去接受放射性治疗时为止。正如我此前所说，这种治疗似乎并没有多糟糕，不管怎么说，比起化疗，放疗的确没那么糟糕。

到了第五天，是星期二，这是我最喜欢的一天。尽管我还没有完全康复，但由于摆脱了学校课业的负担，我可以自由自在地在安静的屋子里闲逛，与猫狗们玩耍，和它们亲密相处。当我追着猫狗在客厅地板上乱跑时，它们从不带任何偏见地对待我，当太阳那无情的弧线落下去时，我也变得很困倦。星期二离星期五还很遥远，因此，星期二这天不用关心未来，不必多想，不必焦虑。

家里的房子本身就哺育了我。由于其他家人都在上学或上班，他们都不在家，不知何故，我认为我的偷听为时钟、热水器，以及对着它们的食物咆哮的猫咪们创造了一层新的意义。我能感觉到，我的聆听为它们也为我自己创造了一个真正的家。没人在家的空房子，与有人居住在其中的房子截然不同。

我有这么多的兄弟姐妹，所以，我从来没有多少隐私可言。我喜欢走进我母亲的衣帽间，在黑暗中静坐在那里，只是享受闻她的气味这种纯粹的乐趣。与此同时,我也知道,要是她知道我侵犯了她的隐私,她会有多么生气。我成了一个私家侦探,我翻遍了家中每一个人的抽屉,努力寻找着各种线索,我想看看其他人都是如何生活的。我喜欢躺在我姐姐的床上,看着她的窗外,心里面想着:所以,这就是她每天早上醒来时都能看到的景象了。成为别人,是种什么样的感觉呢?我走进父亲的卧室,里面又昏暗又脏乱,能看到满地的纸片、散落的领带、脏兮兮的杯子,这些东西都表明,父亲很少被他周围的环境所影响,当然,反过来说也可以成立,这些环境也很少被他所干扰。一切都显得那么随意,那么偶然。在我哥哥的房间里,我发现了一些杂志,上面有裸体女人的图片,不知出于什么缘故,这让我很是着迷。哥哥的房间似乎是全家人中我最陌生的。即使我躺在他的床上,看到了他平时所看到的东西,我也知道,我离他的私人世界还很遥远。

我一个人在家中的屋子里侵犯着他人的隐私,这种漫长而空虚的早晨,似乎永无止境,直到我最终听到汽车开回家的声音,我便知道,是时候出发去城里了。除了星期五之外,我都很期待坐车进城。当车行驶在高速公路上时,我可以数路边安详吃草的土拨鼠,它们似乎并没有意识到危险离它们只有几英尺远。我想象着自己正沿着公路,骑着一匹闪闪发光的黑色骏马,以优雅而迅捷的速度在奔驰,马儿性感的鬃毛在我脸前飘扬,马蹄哒哒的节奏就像是一堂催眠讲座,讲的是怎样以完全不同的方式到达某一个地方。

星期五开始逐渐被我们称为"那一天",它还是不可避免地会来临。星期三与焦虑还保持有一定的距离,但它已经近在咫尺,我也知道这一点。星期四就几乎变得让人无法忍受了。星期五早上,我会一如既往地早早醒来,但我根本不想起床,我甚至不想和我最好的朋友——狗狗们——一起躺在地板上,我想象着,他们能理解我的痛苦,他们还会用湿漉漉的舌头舔舐我的脸,那绝不是偶然或随意为之的,而是有所指涉和有意义的,满含同情。

化疗的第二周更加糟糕,因为我已经知道了接下来会发生什么。这对我来说是一种奇怪的逆向恐惧(reversal of fear),因为我已然明白,对于其他类型的痛苦而言,不了解所带来的恐惧,通常会比痛苦的事情本身带来更多的痛苦。这是截然不同的。这是极度的恐惧。它并不是什么在暗影中盘旋着的、极具威胁性的"未知的黑色之物"[1](unknown black thing);它已经向我揭示了它自身,并且它也知道我深知自己无法逃脱,所以它才会慢慢悠悠地向我逼近。这就是我所理解的关于命运(Fate)的一切。

我们再次经历了化疗的整个例行流程——无休止的等待,伍尔夫医生没完没了的讲电话,他按压在我身上的强壮的大手。我

---

[1] 在西方的思想文化中,常用黑色来形容或代表死亡,"黑色"意即"死亡""死神"的隐喻。

尽量不去看身旁的注射器，可当我看向窗外时，伍尔夫医生却总是毫无意外地从我的视线前经过，漫不经心地把注射器高举在空中。当我低头看着地板时，不知何故，我偶然能掐算到确切的时间和确切的位置，伍尔夫医生会先快速地从注射器中喷出一点液体，以便清空注射针头上方多余的空气。一道优美的、细细的液体弧线会直接落在我正聚精会神盯着看的瓷砖上。我把它当作该哭的信号，我也的确哭了，我为自己感到羞耻，我根本无法直视母亲的眼睛，因为她已经嘱咐过我不要哭，一定要忍住不哭。

接着，继续使用止血带，一切又重新开始了，就像前一周的化疗一样。唯一不同的是，这次我一回到家，就直接上了床。我甚至没有尝试坐起来，也没有吃任何像冰淇淋这样奇怪的东西。我觉得母亲肯定对我很失望。上一次，我没有直接上床——为什么这次我要这么做呢？母亲来到我房间，坐在我的床沿上。她看起来很疲惫，但还是很美丽。对我来说，母亲永远都是美的，她的妆容精致而完美，唇色红润，粉底透着淡淡的色调，她的香水带有一种独特的麝香味。

"你知道吧，你可不能让这打倒你。我知道这很难，但你不能因此而沮丧。不要屈服于它。上一次，你并没有觉得那么糟糕，所以，请继续身体力行，有什么感受就说出来，不要让它只留在你的头脑里。"

她在那儿又坐了一会儿，悲伤地瞅着我，接着，她问我是否还有其他什么事。当我说没事的时候,她站了起来,叫我自己看会儿电视。父亲为我在厨房里安装了一个电铃,如果我需要什么东西,我直接按一下,它就会叮叮作响。最初几周里,我每次呕吐的时候,都会按电铃,但随着时间的流逝,我发现我没有办法一次性吐很多,所以我开始把呕吐物暂留在碗里,即使它很难闻也照样如此,只有在接呕吐物的容器装满时,我才会按响电铃。晚上,我躺在自己的房间里,仿佛独自一人置身森林中,我隐隐约约地感觉到附近有巨大沉重的呼吸声,感觉到有什么深不可测的可怕之物正在用眼睛注视着我。

父亲给我买了一些玩具,这不是因为他相信它们足以补偿我——他大概一秒钟都不信——而是因为,这是他所能做到的最亲密的举动。父亲真的对带我去医院接受治疗不感兴趣,只有在我母亲生病或忙碌的极少数日子里,他才会带我去化疗。他带我去化疗时的节奏,也与母亲带我去时完全不同。我们总会来得很晚,所以也不需要等那么长时间,尽管事实是,只要能够看看报纸,坐多长时间他似乎都不介意。一旦我的名字被叫号,父亲就会陪我一起走进就诊室,并同伍尔夫医生互相问候一番,但很快,在我被要求脱掉衣服时,他就会转向我并跟我说:"那么,我这就去取车。"也许部分原因是,他看到女儿半裸着身子会感到尴尬,但我知道,父亲是不愿看到我受苦。

他会冲着我晃动车钥匙,就像他对狗狗们所做的那样,对狗狗们而言，那种熟悉的声音所带来的兴奋程度几近心脏病发作时的状态。他会微笑着宣称，"我马上就回来"，并补充道："这样一来，在化疗结束后，你就不必走那么远的路了。我会在外面临时双行停车[1]（double-park），然后，就马上过来接你。"

他离开时，我看着他的背影，感到如释重负，因为他的尴尬和手足无措让我和他一样痛苦。在那些时刻，没有责备，没有遗憾，没有指责，甚至也没有绝望。那些感受都是后来才有的，也即，当我学会反省和审视评判过去时才会出现，但在当时，他的离开无疑是有利的。我知道父亲也有他自己的负担，有他自己的失败，这让我能够继续做完自己本来无法承受的事情。后来，作为一个成年人，我很想搞清楚他怎么能够把我一个人丢在那里，但是，在我还是一个小孩子时，我却清楚地知道这个问题的答案，并且我也知道，只要他一离开房间，不说别的，我就可以如我所愿地那般反应，想哭就哭。伍尔夫医生手上拿着止血带转向我，此时，我父亲正紧张地吹着鲍比·谢尔曼（Bobby Sherman）的"朱莉，朱莉，你爱我吗？"，他的声音渐渐消失在医院大厅里，我则带着我那尽情释放的悲伤转向医生。

我与父亲之间坦诚相对的时刻很短暂，仁慈的是，紧随其后

---

[1] double-park，双行停车，指的是将车停在与街边平行停靠的车辆旁边，一般表示临时停车。

的是我们个人的隐私和一份解脱感。我与母亲一起预约就诊时，会更加难以保持一种超脱状态。她会留在房间里，尽管我一再地失败、没能忍住不哭，但母亲还是坚持叫我不要哭。但是，在某个夏日——那一定是个夏天，因为我们所有人都热得脸通红——我记得母亲弯下腰，俯在我身边。我的手臂上扎着针，我感到胃里出现第一波的热流。我能闻到她身上的香水味，但因为天气太热，香水味要比平时更浓。"别哭。"她对我耳语道，就好像这是我们俩共有的秘密似的。伍尔夫医生的声音在我们头顶回荡，他没有和我们中的任何一个人说话。或许是因为那天她说话的声音，或许是因为一切都因为高温而显得晕眩和颤动，那天是很长一段时间以来，我第一次从仍然空荡荡的呕吐盆上抬起眼睛来看着她。母亲的眼里噙满泪水，但眼泪永远不会掉下来，只是在那儿打着转，她的眼睛离我的眼睛只有几英寸。

倏忽之间，我对这个世界的看法就发生了转变。原来我不是世界上唯一受苦之人。在伍尔夫医生办公室门外的走廊上，还有一系列紧闭着的门，我总能听到其他孩子在那些门后面呜咽哭泣。然而，要是我说自己第一次听见或真切地听到他们的哭声，那也是不真的。真正发生的事情，更像是一场幻觉。我的空间感和自我感都被放大并且改变了，它们一边延伸到门外的走廊上，同时又和我，以及和我母亲待在一起。我惊奇地发现，母亲不仅因为我而感到痛苦，她也为了我在受苦。

每时每刻永远都不会完全重复它们自身。看着母亲那双哭红的蓝眼睛，我在就诊台上也理解了一些重要、紧急和得体的事情。但是，仅仅理解了一些事情也并不意味着，仅仅在几秒钟过后，我就不会再回到另一个时刻当中，在那时，我还是会因为哭泣、因为不够坚强而讨厌我自己。在伍尔夫医生的办公室里，我与父亲的互相领悟则利落得简单明了，紧接着，他就离开了，他的脚步声在大厅里渐渐消失了，只留下我一个人思考着我刚刚理解的东西。而我母亲的存在本身会迫使我在场，这不允许我心绪寄居别处。我了解到她的痛苦并从中获得了安慰，但这种安慰既转瞬即逝，又暗中有害。转瞬即逝是因为，那便是所有当下时刻的本质；说它暗中有害是因为，一旦我尝到了我这份顿悟（epiphany）的自由和超脱，我就只想要再得到它。我混淆了那种平和得体的心态和它所带来的附加的安慰，所以，当下一次注射、下一次哭泣再度来临时，我还是没办法不痛苦，我觉得，我也只好怪我自己，从某种不可知的精神上而言，我觉得我自己很失败。在我看来，我没有得到这些时刻所带走的东西：我不值得得到安慰。

晚上，我梦见我帮忙照看的孩子们滑到游泳池底给淹死了，而我们就站在一旁。尽管我会尽我所能，但我永远也无法让我的肺部充满足够的空气，以便可以憋足气游到泳池底部去搭救他们，他们躺在那里挣扎着，一层诡异的光笼罩在他们身上。随后，他们没了生机的尸体浮出水面。我不得不去找孩子们的父母，我的衣服全都湿透了，我向他们伸出空荡荡的双臂，并向他们解释发生了什么事，以及我是如何尽力救孩子们的。我真的尽力了，但是，这仍然不够。

第五章　人间世[1]

车库旁边有一块青草地，它介于一大片沥青车道和前门水泥人行道之间，宛如一个小岛。夹在这中间的是一棵瘦弱的杉树，它张开枝丫，刚好离地面足够高，我可以坐在它下面乘凉，泥土呈暗黑色，却很好闻。在这个小岛的南边，我能够勘察到我想象中的一片长满草地的平原；在其北边，排水沟中的排水管出口周围长满了茂密的苔藓丛林。这里就是我的王国。我在附近便利店买来的塑料动物们，也住在我的王国中，我们一起在这里过着我们迫切的生活（urgent life）。

我最喜欢的是狮子，他坚硬的塑料身体上的肌肉，如波纹状

---

[1] 这章的原文标题为"Life on Earth"，直译可译作"世间的生活""地球上的生命"，不仅"life"有"生活"和"生命"两重意思，"on earth"也一词双关，既有"地球上，世界上"之意，也有"究竟、到底、全然"的意思，故标题也有"究竟什么是生命？""何谓生命"这一层内涵。此处根据章节内容，译者联想到了庄子的《人间世》篇，其英译恰为"Man in the World"，觉得颇为妥帖，所以最后采取的是"人间世"这一译法，故注明参考来源。

永久起伏着。他住在我用石头为他建造的洞穴里，离排水管不远。每天早上，我都会把他从我前一天晚上铺好的新鲜草床上给带出来，我们会一起去巡视这座小岛，查看那些安全地躲在他们各自住所中的其他动物们。土豚（aardvark）藏在树下，北山羊[1]（ibex）和长颈鹿栖息在草地平原的边界上，斑马在丛林和平原之间的地带游荡，蛇则被我贬黜到了岛尖附近的岩石上。这条蛇是由另一家公司制造的，他在尺寸大小和颜色上都与其他动物显得格格不入，因此，他也就从未得到过我最全面的照拂。动物从来不会进我的家门，不过，他们也永远不会离开这座小岛，对我来说，这就是他们生活中最真实的一面。

我跟母亲抱怨说，有一只狗在夜间咬了我的长颈鹿或斑马，母亲却说，肯定是我没有照顾好他们。对我来说，至关重要的事情是，晚上我安全地躺在床上，想着我的动物们就在那里，不管我在不在，他们都会过着他们各自周而复始的生活。我该怎么向人解释这点呢？我特别喜欢那些天气恶劣的夜晚，我想象着我的动物们会如何勇敢地面对恶劣的天气，不管是狂风呼啸，还是大雨倾盆。每天早上，我都会生出一种明显的直觉，也即，我是在打开一个通往不断变化着的世界的大门，这个世界恒常存在，而且确切无疑。即使当我被困在屋里面、病得无法下床时，这个世

---

[1] 北山羊是偶蹄目牛科山羊属哺乳动物，别名悬羊、野山羊、红羊等。

界也在持续不断地滑入越来越黑暗的境地。

当我不在我的小岛上的时候,我会驾着小马邮件快车,尽管有时候,我也想象自己是一个火星人(Martian),我被派往这个星球,是来执行监视任务的。只有在最短暂的一些片刻,我才能够做我自己,就像大厅里陌生人从身边匆匆而过时的那些转瞬即逝的片刻。作为一个外星人,我可以随时随地变形。有时候,我也是人类,只不过,我是从很遥远的未来被派到这里来的人类,所以,我会不知今夕何夕,也无法理解现在的日常事物意味着什么。其他一些时候,我则是一个化身为人形的外星人,神不知鬼不觉地混迹在一群人当中,他们误以为我是他们族群中的一员。不管是坐在车上,还是在候诊室里,我都会仔细而客观地审视我周围的一切。汽车收费站里的这种奇特仪式,究竟是为了什么?不同类型的鞋子,又有什么意义?整个思维的关键诀窍就在于,我得忘记我自己,忘记我真正知道的东西,打破我所有的预先成见。

我唯一会全然做自己的时刻,是在星期五。没有任何办法能够逃避痛苦。每次接连访问伍尔夫医生的就诊室时,我都没办法避免痛苦,于是,我的羞耻感和内疚感也变得愈来愈甚,乃至难以忍受。相比之下,身体的疼痛仿佛都不值一提了。这是否就是我的身体抵御外在打击的方式呢?身体将注意力从自身转移开来,并坚信,只要我的精神承担更多的责任和痛苦,那么这自然就会减轻它的负担和疼痛。无论这个过程具体是怎样运作的，总之，它奏效了——说它奏效是就以下这些方面而言的，也即，我变得善于处理我的痛苦，伴随痛苦而来的各种抱怨和渴求关注，我也变得能够熟练地处理它们。

之后，我会躺在床上，专注于这种疼痛带来的震颤，并顺其自然，让它们自由地进入我的全身。这样一来，疼痛就会像嗅出我的气味的熊一样，等它们逐渐觉得乏味无聊时就会慢慢自行走开，那时就会徒留我一个人安静，虽然疲惫不堪，但毕竟还活着。有些疼痛，比如针扎的痛，或者做手术的痛，是有特定部位可寻的：它以其明确的方式宣告它自身的存在。我常常试图用我身体的其他部位来平衡这类疼痛，这有些类似某种协商谈判，我会在其中特意孤立、隔绝身体的某个部位。我会躺在那里，列举给自己听有哪些不痛的身体部位，试着去感受它们的存在，我知道，在平常，我也没什么理由去"感受"我的身体，更不会如此亲密地想要去了解它。

我开始意识到，我正在以迥然于他人的方式体验我自己的身体和这个世界。不管是在家里，还是在医院里，我会躺在床上好几个小时，用手指在我身边的墙壁或床杆上摸来摸去，我以第三人称与自己静默交流，好使情况变得合理化、变得可以理解，我会记录下我秘密哲学中的一些基本的前提假设。有时，我甚至会告诉自己，我真幸运，很幸运能有机会知道这些事情。有时候，我也深感绝望，而且无论在哪里都寻不到安慰。似乎一切对我都不管用了。此外，被困在自己身体中的那份沉重，甚至让我连从床单上抬起一只手来都感觉很吃力。其他时候，一种身体意识会攫取住我。每一次的呼吸，都是我与周遭世界的一次重大交流，我皮肤上所感受到的每一种触觉，都像是一把温柔的刷子，它们来自一个如此美丽而又神秘的现实世界，以至于有时候，我会因为自己还活着而感到狂喜，并呐喊尖叫。

集中在我头部的疼痛是最难以处理的。忽略你的胳膊或你的肚子是一回事，但想要无视你的头部，可就没那么简单了。放射性治疗开始产生严重的后遗症了，我的脸颊内侧全都开始出现开放性的溃疡创口。我第一次感受到它们，是在享用一碗西红柿汤的时候。每喝一口，我都感觉到刺痛，而且，由于没人告诉过我辐射性灼伤是一种常见的放疗副作用，所以，我还怀疑是汤本身出了问题。我当时正在客厅里边看电视边喝汤，我想应该没人会看到我，于是我把碗从客厅端到卫生间，然后把汤全部倒进了厕所。汤呈现猩红色，像淤泥似的在白瓷马桶的底部打转转，我让它在那儿静置了片刻，接着，便用水把它给冲走了。我不想跟母亲说，因为我怕她认为这是我不想吃东西而耍的花招。我的体重正在迅猛下降，每个人似乎都把食物好心地塞到我眼前，但我对这些食物一丁点儿兴趣都没有。吃饭已经成了一种煎熬，一种需要付出巨大艰辛才能够完成的事情，我无法向母亲或护士解释，哪怕只是吃完一个煮鸡蛋，对我而言，也无异于一种可歌可泣的英雄壮举。

我原本就很难吃下东西，现在，理由清单上又新添了一条：我不单单有咀嚼和吞咽困难，也不仅仅因为我的胃有一半时间都在翻江倒海，现在，光是把食物放进我嘴里，就已经生疼了。情况变得更加糟糕了。随着放射性治疗的持续进行，我只能吃最清淡的食物。任何水果都不能吃：喝橙汁的感觉，就像是在用电池酸冲洗我的嘴巴。任何咸味或者带点辣味的东西，比如番茄酱，都会刺激到我的舌头和我脸颊上露着肉且敏感的新生皮肤。我几乎是完全靠着燕麦片和令人恶心的蛋白质冲饮过活，我总是不得不把它们强行灌进我的喉咙里，还有无穷无尽的垃圾食品——巧克力奶油卷，这是母亲为了鼓励我喝下蛋白质冲饮而特意奖励给我的例行贿赂。我喜欢在苏茜和萨拉面前，慢慢吃掉一整盒令人恶心的甜品和油腻腻的食物，并会露出几分得意神色，因为她们一直都很想吃上一些新颖的食物。

每隔六个星期，我就会被送进医院，还是住在我心爱的10号儿童病房中，以便进行为期五天的密集式化疗。实际上，我真的还很期待在医院里度过这些时光。医生会帮我调整好静脉注射器，那些黄色液体缓慢而持续地注入我的体内，这并不会让我像每周注射浓缩液剂时那样觉得自己病得很严重。如果我真的觉得不舒服，我就会往我面前的脸盆里呕吐，接着，再躺在我白色的床单上，因为我深知，没有人真的在意我是否吐了，或者哭没哭：这让我感到轻松自在，并且也完全自主。我被认为是病房里的"常客"。我认识这里所有的护士，了解病房的例行常规和医疗行话，此外，我还经常会给在病房内外轮岗的新手医生们解释一些医院里的事情。这里既没有学校的课业任务要完成，也没有家里的紧张局势要面对，因此我认为，住院是只比度假差一丢丢的事情。

即便现在，医院也会在我心中激起一股强烈的怀旧之情，这种模糊的渴望似乎与我过去的一切故事都有关联，就好像真正重要的是过往的背景，而不是其中的内容。一种感觉从我内心油然而生，虽然我知道我经常会感受到疼痛，但我也记得，自己在医院里过得很快乐，我可以躺在洗得僵硬的床单上，听着病房门外其他人的声音和走动。

但在家里就很不同了。在家时，那些漫长而安静的早晨仍然会带给我快乐，但是，一旦寂静被打破，一旦有人走进了前门，我的紧张和羞耻感就会涌现。我们一家有着困难而错综复杂的家庭关系，我没办法将我的不快乐归咎到家庭关系上，我认为，这一切都源自我个人，都是我自己的过错。如果我不能克服自己那日益严重的抑郁症——得抑郁症也是我活该——而是要把它强加给其他亲人，尤其是我母亲的话，那该有多么不公平。

如果做什么事能够帮我摆脱掉每周一次的化疗注射，那么，你要我干什么都行。而事实是，要想避免化疗注射，唯一的办法就是病得更重，根本无力承受住化疗注射。将体温计举到灯泡边上升温，以及一些小学时用过的把戏，现在都已经成为古老的历史了。我一定是真的生病了吧，我身体里的白细胞数量必须得大规模增加才行，它们的减少在表明，我的身体存在某种感染。

我做了很多实验想让自己看起来真的生病了，但我的第一次实验是在无意中进行的。那是初冬里的一个星期四，除了父亲以外，家人都睡着了，父亲又要加班到很晚。整个纽约州都在下着冰雹雨。新闻报道警告市民，尽量不要开车出门。温度一直徘徊在三十二度[1]左右。地方电视台播放了一张纽约的地图，地图上面飘浮着棉花团状的云朵，云朵下面滴着蓝色的雨滴，并夹杂着白色的冰雹圈。整个地图看起来就像卡通人物头上画的那种思考气泡，就好像纽约州本身正在思考——不停地反复思考着——要不要下场冰雹雨。

我躺在床上，想着我的小岛，突然之间，我很想去外面看看我的动物们在暴风雨中都过得怎么样。我想起了我从车上看到过的那些真正的奶牛，他们坚定无畏地站在田野中，浑身颤抖着，身上的黑色皮毛湿漉漉地闪着光，一层淡淡的蒸汽从他们身上升腾起来。我下了床，拉了拉我的法兰绒长睡袍，它在床上时就已

---

[1] 美国使用的是华氏温度，32华氏度即为0摄氏度左右，具体换算为：华氏温度 = 摄氏温度 × 1.8+32。

经在我腰间褶成一团了。我懒得穿上鞋，便朝车库的门边走去，我尽可能静悄悄地出门，尽量不吵醒家里的狗狗们。我感到一阵寒意顺着我的双腿蔓延上来。

我的动物们都很好，还待在我离开时他们待着的地方。令我失望的是，雨水只是从他们身上滑落，他们的皮肤和毛发，并没有像那些真正的动物的皮毛那样吸收进雨水，继而变成黝黑而闪亮的条纹。我站在离门口只有几英尺的地方，开始浑身颤抖。那时，我才突然意识到，如果是我自己待在外面，那我肯定是会感冒的。我肯定会生病，甚至可能病重到亟须提高我的白细胞数量。这似乎是一个完美的计划。我走进漆黑的后院，找了一处我知道从屋子里面根本看不见的地方，然后，我便躺在冰冷潮湿的草地上。我试着抬头看黑沉沉、灰蒙蒙的夜空，但雨水不停地溅入我的眼睛，我只得闭上眼睛。我得在外面待上多久呢？我的睡衣湿透了，我将怎么处理这么明显的外出证据呢？要是我把它挂在暖气片附近，它能在明天早上、被母亲发现之前烘干吗？寒气开始变得刺骨。我的牙齿止不住地打战。如果我不能在外面待上足够长的时间，那我就没有机会真的生病。要是这么一点寒冷不适就把我给逼进屋的话，那是不是就意味着，我在这件小事上也是一败涂地？

我的睡衣湿透了，几乎成为透明。我能看到藏在下面小小的乳头，粉红色、硬硬的，它们下方是我的髋骨，轮廓鲜明、瘦骨嶙峋。我就这样躺在那儿，直到我再也受不了，直到我的手指变得僵硬、通红并且开始肿胀为止。等我进屋后，我脱下我的睡衣，并把它挂在了一把椅子上。要是我母亲发现了它，我就告诉她是我不小心吐在了上面，然后我自己又在水槽里把它给洗了。我回到了我温暖的床上，那感觉真是既舒适又美妙，床单吸干了我裸露的皮肤上的雨水。我几乎立马就睡着了，这对我来说很少见。

但到了第二天早上，我却感觉身体很好。醒来后，我看到皱巴巴的睡衣还搭在椅子上，这才想起来昨晚发生了什么事。我深吸一口气，本以为会听到我的肺部发出轻柔的罗音[1]（rale），但我什么也没有听到，没有丝毫气息拥堵的迹象。我坐了起来，想好好看看自己到底感受如何。我发烧了没？我嗓子痛吗？我有没有觉得很虚弱？都没有。我感觉好极了。我甚至都不觉得累。事实上，我感觉今天比过去一整个星期都要好，这听上去真像是天底下最大的笑话，因为今天是星期五，而且，十二个小时之内，我就会再次回到这同一张床上，不停地呕吐。

我尝试过各种方法想让自己生病。比如，我还喝过洗洁精，但我所做的一切，最多只是让我感觉不舒服而已，它们并没有让我真的生病。我还在洗碗槽下面找到了很多其他的毒药，但我太害怕了，所以没敢去尝试它们，因为我曾经在医院里碰到过两个

---

[1] 医学用语，胸部听诊时发出的声音叫"罗音"。

小男孩，他们的嘴唇、舌头和喉咙，都被他们从洗碗槽下发现并喝下去的液体物质给烧没了。比如，有个男孩叫罗伊，他是我的一个朋友，他鼻子里面插着一根鼻饲管，他晃动鼻饲管时就像大象来回摆动它的长鼻子一样。另一个没了嘴巴的男孩叫查理，他年龄更小，而且，他的眼睛里总是流露出一种刻薄的眼神。每当我被送进病房时，我都会在住院病历单上查看有没有他的名字，我真希望，他不在那儿了。

在生病实验中，我最钟爱的一个项目是吸水。有一次，我感到恶心想吐，接着，没吐出来的我吞下了自己口中的一些呕吐物，之后我的肺部立即产生了一种肺炎反应。对我来说，很不幸的是，肺炎来得不是时候，刚好就在圣诞节前夕，那时正处于一个化疗注射周期的最后，他们本来也打算给我停止注射。我琢磨着，要是我能够以某种方式让少量的水进入我的肺部，我大概就能如愿以偿。于是，我把浴缸放满了水，数到三以后，我便把头浸入了水中。"呼吸"，我告诉自己，"呼吸！"我把这看作是关乎我自己意志力的一场战斗。我把它看作是逼迫我自己的一场考验。我躺在浴缸里，直到自己上气不接下气地气喘吁吁，才重新浮出水面进行呼吸，接着，我再次沉入水中，坚定地告诉自己，这一次，我一定会这么做。经过了无数次的尝试，我终于发现，是我自己在水下不由自主地张开了嘴巴，我的身体会本能地抬起来，溅起一大片水花。有那么一刻，我的嘴里，甚至是喉咙里，都灌满了水，但我无法抑制的剧烈咳嗽阻止了水进入我的肺部。浴缸里的水在我周围漂来荡去，四处飞溅，等我擦完地板上的水，白毛巾彻底被浸透了，它们悬挂在浴缸的上方，就像投降的白旗一样。

我最彻底的一次实验，是试着用我在街上捡的生锈铁钉划破自己的胳膊。一例破伤风——最初的时候，每个人都以为我是患上了牙关紧闭症——也似乎要比化疗注射好承受。我记得有一天下午，我坐在我们家后院的石阶上，夏日的阳光毒辣辣地照射下来。我听着邻居家孩子们玩游戏时的尖叫声，我几乎再也没有和他们一起玩过了。我试着用一个脏兮兮的锡罐头的顶部划伤自己。再一次地，又有什么东西阻止了我这么做；虽然我也曾经在手上划出过漂亮的划痕，但我从来没有狠下心用力到足以划破皮肤或划出血来。总是会有什么东西让我收手、叫我退缩，在很长一段时间里，我都认为，这是懦弱的表现。

信箱里开始陆续收到全国各地的陌生人给我写的信。不知怎的，我的名字就出现在了某个天主教堂的祈愿名单上。这些来信通常都很简短，写在边上装饰着花儿、猫咪和有着复杂图案的信纸上，它们也都是手写的圆乎乎的字体。所有来信者都想叫我相信，耶稣他爱我，要是我也爱他，那么，他就会来分担我的苦痛和重担。有位女士给我寄来了一张照片，是从她家厨房的窗户那里拍的，照片中是一片白雪皑皑的后院，院子中的喂鸟器上落满了麻雀。"在我感到悲伤的时候，"她在信中告诉我，"我就去看看我的那些鸟儿，因为它们能带给我欢乐。"一封又一封的来信，都表达了类似的想法，人们建议我去想一些快乐的事情，想想小猫咪呀，想想我喜欢吃的食物呀，等等。我的家人们从阅读这些信件中也得到了极大的乐趣。我们用尖酸刻薄而又愤世嫉俗的口吻大声地嘲笑来信的人们，嘲笑他们的一派天真、他们的纯朴烂漫。每封来信也都会承诺说，他们会为我祈祷。

我和我的哥哥姐姐们一起大笑了起来，但在我心中，我又部分渴望着那些信件中所提到的世界，就像我渴望生活在电视上——比如，在《父亲最渊博》（*Father Knows Best*）和《布雷迪家族》（*The Brady Bunch*）节目中——所看到的那个世界里一样。这些节目经常让我浮想联翩，我想象着，要是电视中人家的孩子得了癌症的话，会发生些什么事？一切事情都会被拿来谈论，所有事都会被妥帖处理。没有人会发脾气，也没有人会遭到忽视。

与信件一起出现的，还有一些宣传小册子，主要是针对儿童的那类教会出版物。上面讲述的故事，都是现身在困难家庭门口的神秘陌生人[1]的事迹，这陌生人带有特殊的神采光芒，面容和蔼，眼中闪着亮光。这位陌生人会执行一些艰巨的任务，无论是在调

---

[1] 指耶稣的事迹。

解父母之间的争吵，还是在帮助一位身患重病的人时，他身上都体现出一种沉着冷静而又公平公正的特质。他因为爱、安宁和悲悯这些特质而闪闪发光。他身上的光晕如同其五官一样清晰可触，凡是见到他的人，都没办法视而不见。几天之后，他就会离开这个家庭，并告诉他们一个深刻的道理，只要让上帝进入他们的生命，他们就能够平安、喜乐。

当我一个人在房间时，我会秘密地想要得到这道光[1]、这份安宁、这种荣耀。但这种情景剧式的场景，总是会以相同的方式结束，那位陌生人终究会离开，徒留下陷入困境的家庭，独自去思考和决定该怎样做出改变。我一直想要翻过这一页，我想要了解那个陷入困境的家庭实际上能够怎么做或者该做些什么，才能够笃信这一信仰，毕竟，我是被卖掉了[2]，我想要耶稣帮我赎身，让我变得善良、坚强而纯洁——但所有这些词，我很确信，它们说的都不是我。那么，我究竟该怎么做才行呢？

人们迟早都会被逼到这个份上。虽然我和家人都有着简单朴素的情感，也都对祝福贺卡不屑一顾，但当我独自一人待在卧室、亲人不在身旁时，我也会秘密地跪坐在蓝色的地毯上，并恳求道："上帝，如果你真的存在，请证明给我看。"

---

1 在基督教思想中，常常会把耶稣喻为"光"。
2 用典，在《圣经·旧约·出埃及记》中，雅各最小的儿子约瑟被哥哥们妒恨并被卖到了埃及。另外，"卖身为奴"也可能指希伯来的以色列民在出埃及之前的经历。

我到底是在期待什么呢？一个声音，抑或是一个口头的肯定？还是一个具有实体的形象？我低头看着地毯，半信半疑地期待它会改变颜色。也许，会是突然闪现的一道光？我抬起头来，看着头顶的空气，四处寻觅它。我知道，我只是半怀期待，希望能得到一个答案而已。会不会正是我这种半信半疑的信仰态度，才让上帝没有开口对我说话呢？难道我不应该全然彻底地笃信吗？还是说，所有这一切仅仅是在意味着，根本就没有任何答案？我将膝盖紧紧地环抱在胸前，坐在我的脚后跟上前后摇晃。我一直觉得，由于某种未知的原因，我所经历的一切，实际上都是没有意义的。我的这种想法也许是错的，但我无法不去这么想。

我将手臂伸展在自己面前，弯曲着，手指一张一合。我决心要去相信，即便在目前缺乏回应的这种情况下，也要始终相信。即便最先袭来的是这种痛苦的沉默，但是，是不是可以通过反复问这个问题来证明我自己有价值呢？我确信，我可以通过同样的方式来向母亲展示我可以"接受宗教信仰"，以此来证明我对她的爱以及我值得被爱。我认为，上帝想要我去做的事情，就是不断地去尝试、尝试、再尝试，无论这有多么艰难。我的目标，同时也是我想要得到的回报，就是去理解这一切。

我父亲丢了美国广播公司（ABC）新闻部的工作，在这以后，家里的生活更加混乱不堪、鸡飞狗跳。父亲失去工作就意味着，他也没了医疗保险。但幸运的是，我母亲的工作能部分承担我的医疗费用，但我们仍然穷困交加。家里的生活变得更加艰难。白天总有数不尽的催债电话、信件和没完没了的账单要填。夜晚则充斥着更多关于金钱的争吵。父亲嘱咐医院药房把我治疗中要用到的药物送到我家附近的诊所去。现在，我们不得不自己去诊所付费取药。令我极度恐惧的是，这就意味着，我们不得不将药物拿回来，存在自家冰箱中。每当我打开冰箱门，它们就在那里，矮玻璃瓶一字排开，堆在原本放黄油的架子上。瓶上闪烁的冷光让我胃里一阵痉挛，感到不寒而栗。

在很多方面而言，新的保险方案还不充分，但出于某种我也无法解释的原因，保险方案上又规定，每天都会派一辆救护车来把我送去医院。这个主意让我激动不已。但是那天，当救护车真的停在了我家门口，当我沿着草坪向它走去时，我似乎意识到了什么，并为此而深感羞耻。一大群邻居都跑了出来，他们想看看发生了什么事[1]，他们围成一圈，站在那里观看。"我并没有病得那么厉害，"我很想告诉他们，"这只是一个天大的笑话，你们能明白吗？"虽然我知道我的体重掉得厉害，脸色也有点苍白，但我

---

[1] 在美国，由于救护车出车费用比较高昂，所以，一般人除非遇到十分紧急的情况或者有医疗保险报销，否则大多不会呼叫救护车。每天派救护车接送确实会引人注目。

从来没觉得自己病得多么严重。由于我所经历的一切，所以，我会认为自己与他人十分不同，但直到那时，我才意识到，人们可能真的是在同情和可怜我。一想到这个念头，我便毛骨悚然。

别人可能会同情我并为我感到难过，虽然这件事让我惊恐，但我也知道，我拥有了某种强大的力量。毕竟，人们都会注意到我。无论我去哪里，即便我只是和母亲一起去商店逛逛，我从来都不会遭到忽视。我必定会得到某种关注，而且我发现，当我察觉人们盯着我看时，他们自己也会尴尬。我会用我那双蓝色的大眼睛回瞪着这些陌生人，现如今，由于我体重下降得厉害，我的眼睛看起来更大了，况且我右边脸颊也没有了骨头的支撑，已经开始下陷。在我朝人们看回去时，他们总是会迅速地移开视线，假装他们并没有在盯着我看。

对我而言，虽然说这类关注总是让人不那么舒适，但不管怎么样，它也仍然进一步塑造了我。大多数的人，终其一生，都在努力避免在人群中被人忽视，但我从来都不用担心这一点。我足够特别。与众不同，才是我要背负起的十字架，但意识到这一点，则是对我的补偿。在我年幼时，也就是在我还没有患癌之前，我很想变得特别，变得独一无二。这是否表明，我也算是我自身境遇的缔造者呢？

救护车接送去医院的情况，只持续了几个星期。接着，我父亲在哥伦比亚广播公司（CBS）找到了一份新工作，再一次地，我又能享受到他的医疗保险了。这就意味着，不会再有救护车了，也不用再将药物存放在家中的冰箱里了。就这两方面而言，我都大大松了一口气。我和母亲也恢复了每天开车去医院的常规行程。一路上，我都会像以前一样盯着窗外，想象我自己骑着一匹马儿，正沿着马路边的青草地一路奔驰，跳跃躲闪着避开灌溉排水沟和道路标志牌。

第六章　第二扇门

在化疗初期，我的头发便开始脱落。尽管有人告诫过我这点，但第一次发现自己脱发时，我还是大吃一惊。我伸手顺着头发向后脑勺梳去，却发现手中握着一大把长长的金发。也许，我从来没想过脱发这件事真的会发生在自己身上。我第一次注意到脱发时，正和母亲一起坐在车里，我哭了起来。母亲不知道该说些什么才能真正安慰到我，毕竟，她也没办法不让头发掉落，所以，母亲就提醒我说，我应该知道会发生这种情况，那么我也就不应该感到这么难过——这就好像在说，预知某事的发生就可以让你得到缓冲、免受它的恶劣影响似的。再一次，我感觉自己仅仅因为难过就又令母亲失望了，这反而让我哭得更厉害了。以前，我从来没有关心过自己的头发。虽然我曾经因为头发而受到人们称赞，但对于这些称赞的话，我从来也没有特别上心。通常情况下，我的头发对我来说似乎还是个麻烦，比如，在我摔跤或爬树时，头发是会妨碍到我的东西。但现在呢？晚上脱衣服时，当我把套头毛衣从头上拉下来时，我会听到毛衣上的静电声，接着，我就看到在静电的作用下，衣领上的长头发像是在微风中摇曳。早上起床时，我会坐在床上，低头看我枕头上掉落的大团大团的头发。在排出浴缸中的水时，我不得不坐在浴缸边缘等待着，伸好几次手去清理排水口。曾经的我，梳起头来没轻没重，大大咧咧、不拘小节，而现在，我小心翼翼，十分轻柔地用梳子缓缓梳着头发。

因为我越来越关注掉头发这个物理过程，不知怎的，我就忽略了我外貌上的变化。我知道自己快要成秃子了，我知道我脸色苍白，瘦得令人不忍直视，我也知道我脸上有一大块疤痕。简而言之，我的外貌看起来与众不同（different-looking），而且我也知道，我的脸会对看到它的人产生影响，因而有些时候，我也可以利用这一点。但我仍然让自己蒙在鼓里，我对我外貌的细节一无所知，也对它的具体变化逻辑一无所知。想必我的直觉一定知道，这样才更好。

虽然我并不想承认自己生病了，但我又知道自己病得很严重。与此类似，很长一段时间以来，我都不承认自己快要变成秃头了。有一次，我特别激动地和狗狗拥抱，拥抱过后，我得把自己的头发从狗狗身上的那件黑色"外套"上扫落下来，即便如此，我也不愿承认自己快要变秃的事实。我才十岁，虽然马上快十一岁了，但我还很年幼，不可能会变成没有头发的参孙[1]（Samson）。性魅力属于牙膏广告，而性本身对我而言仍然是一个神秘的东西，关于性的线索可以在我哥哥的杂志上找到。虽然那些照片神秘得引人遐想，但我总是觉得它们有点令人反感，而且，我把性——不管它指什么——当作是一件我肯定永远都不会参与的事情。我在看着镜子里的自己时，用的是一种全神贯注的、青春期之前的视角，也就是说，我看着自己，但我不会评判自己。开始几次有人嘲讽和取笑我，通常他们都是些在超市停车场上的陌生小孩，在大多数情况下，我都能以比他们骂我时更尖酸刻薄的话反击回去，而他们想象力平平，只会叫我"光头"（Baldy）或是"丑姑娘"（Dog Girl[2]）。我明白，他们对我的评头论足，与其说是想要伤害我，倒不如说是想让他们的小伙伴们彼此印象深刻。我拥有高度强烈的自我意识（a strong sense of myself）——而且，我活在自己的私人世界中，这个世界生动逼真，里面有医院、动物和幻想。我从来没想过要将自己和我每天路过的那些"常人"联系在一起。我天生就善于保护自己免受他人侮辱的伤害，并且，跟他们相比，我甚至感到有种隐隐的优越感，至少，在那个时候，的确是如此。

---

[1] 参孙是《圣经》中的人物和犹太先知，其力量的来源是他的头发。传说他头上有七根辫子，后来他把头发的秘密告诉了他的妻子大利拉，后者向敌人出卖了参孙并剪掉了他的头发，参孙因而也就失去了力量，最后被非利士人打败并杀害。
[2] 在美国俚语中，常用"dog"来指"丑女人"。

住院时，有时候要好几天，甚至是一星期之后，我才能够恢复到可以下床和洗头发的程度。由于躺在病床上长时间压着头发，所以，我的头发变得又油腻又稀疏，还在脑后缠成一大团，我很讨厌这样。所以，等到我能下床的第一天早上，我都会洗头，这总是能叫我轻松舒适。终于，有一天早上，我叫母亲帮我洗头，她悲伤地看着我，温声细语道："也许，是时候把头发剪掉了。"接着，我们的确也这么做了。她从护士站那里借了把剪刀，我坐在椅子上，她剪掉了我仅剩的所有头发，白白的头皮露了出来。我们这才第一次发现，我的左耳上方有一块很大的胎记。

第二天早上，母亲来医院时带了一顶帽子，一顶白色的小水手帽。我戴上了这顶帽子，在接下来的两年半内，我几乎从没有把它摘下来过，即使我的头发重新长出来也是如此。有时候，头发会长出来几英寸，像正常人的头发一样看似完美，但我知道，它马上就会再一次掉光。此外，要是不能戴帽子，我就拒绝出现在任何公共场所。我的帽子成了我个人的一部分，成了我曾经的自己不可分割的一部分。

我的帽子成了我的屏障，它阻隔了我的自我和我隐约意识到的我身上以及这个世界的丑陋之处。帽子遮住了我，隐藏了我的秘密，虽然它在这方面而言也做得差强人意。当人们取笑我或是盯着我看的时候，我认为，这只是因为他们能猜到我帽子下面遮住的是什么。但我从来没想过整个画面，也即，即便戴着帽子，我看起来也是丑陋的；只要我戴着它，我就感觉很安全。有一次，看电视时，我看到有一个人的帽子被大风刮跑了，我立马为他感到恐慌，因为他突然暴露了头部。这是一种发自肺腑的本能反应。

遭人取笑仍在持续，有来自陌生人的，也有来自我曾经视为朋友的男孩们，我开始怀疑，是不是哪里出了问题。我把问题归结在我的秃头上，因为秃头本不是我真正的样子，这件事是我生命中的一些离题，是一些我无法掌控的外部力量。我以为，一旦这个问题得到解决，一旦我的头发重新长出来，我就会再次变得完整、变得完好无缺，那么，所有这一切都会自行结束，就像做了一场噩梦一样。我仍然认为，一切问题都是可以解决的。

其间，我母亲在一家哈西德派（Hasidic）[1]疗养院的专门疗养部上班，母亲的大部分同事也是哈西德派教徒（Hasidim）。哈西德派的习俗规定，一旦女人结了婚，她就必须遮挡住头发。在过去，女人们会戴方头巾，但现在，大多数女人都会戴假发。我想，就像其他女人厌倦了她们自己过时的衣服一样，这些女人应

---

[1] 哈西德派，或译"哈西迪派"，一般指犹太教"虔敬派"，是犹太教正统派（Ultra-Orthodox）的一个分支，哈西德派受到犹太神秘主义的影响，由18世纪东欧拉比巴尔·谢姆·托夫创立，哈西德派教徒是世俗犹太人的反面，具有虔诚的宗教信仰，恪守繁复严苛的教规，能够在大都市中过着与世隔绝的生活。

该也厌倦了她们自己的假发吧,因为社区里被扔掉的假发似乎越来越多了。母亲的朋友们了解到我的困境后,便开始慷慨地把这些别人用过的廉价旧假发(hand-me-down hairpieces)送给我。母亲不知道该如何拒绝,在她第一次把一个假发带回家时,我们都在厨房里玩假发玩得很开心,我们兄弟姐妹几个挨个试戴,然后再把它戴在猫的头上。当我戴上假发时,我看起来和兄弟姐妹们戴它时一样滑稽可笑,更不用说猫戴上会有多滑稽了,所以,假发对我们来说,是一个可以安全放心地去开的天大笑话。

但是,接下来,母亲还会带回来更多假发。有时候,她似乎每天都会新带一个假发回家,渐渐地,屋子里塞满了假发。每一顶假发都比上一顶更劣质,也更吓人;你是绝不会真的想要戴其中任何一顶假发的。母亲在疗养院的那些朋友们问起戴假发的效果如何,她只好礼貌地如实告诉她们,没有一个假发适合我。母亲最要好的一位同事还给她推荐了她自己的假发制造商,说他们会测量我的头围,并会"按照我的想法来给我制作一顶假发,它看上去就像真发一样"。我们不想被人说成不懂得感恩,所以最后,我在母亲的带领下感谢了这位女士,并同意去假发店测量和试戴,但其实,我和母亲心照不宣地知道,我根本不想要假发。

我们开车去了新城(New City),这是附近犹太人聚居的一个城镇,我们在一小簇商店中找到了这家店铺。我以前从未去过这样一家"店铺",不知何故,我原本想象的是一个充满了魅力女性的豪华沙龙。但这个房间里的灯光却很刺眼,头顶上是长长的日光灯,迎接我们的也不是我在《香波美发》(*Shampoo*)杂志上看到的那个沃伦·比蒂[1](Warren Beatty),而是一个矮小的老人,他自己也秃顶了。他亲切地招呼我坐在一把面朝镜子的椅子上,镜框上粗陋地雕着粉色和金色的花朵。房间的一个角落里,还有一株布满灰尘的橡胶树,它的叶子和我的脑袋一般大。

"所以,是小姑娘想要一顶假发吗?"

他对着镜子里的我微笑。我打心底里感到手足无措,也有一种无以言表、史无前例的羞耻感。他转向我母亲,他们开始攀谈,他的手放在我瘦得像鸟骨头[2](bird-thin)一样的肩膀上。我一直看着镜子里的他,不是因为我被他迷住了,而是因为我不想看我自己。我知道他很快就会让我摘下帽子。我知道自己对此无能为力,也只能假装满不在乎,他朝我转过身来,当那一刻终于到来时,我尽可能漫不经心地摘下帽子,并将它放在了腿上。他拿出一个卷尺,从各个角度在我头上测量,而我一直目不转睛地凝视着镜子中的他。我喜欢量尺寸这个环节。那个时候,我的头发正在重新长出来——大约有半英寸[3]长了,他干枯的手温柔地抚摸着

---

[1] 沃伦·比蒂(Warren Beatty,1937—),美国演员、导演、编剧和制片人,代表作有《雌雄大盗》《天堂可以等待》《烽火赤焰万里情》。
[2] 鸟类的骨头一般又细又中空。
[3] 英制长度单位,1英寸约为2.54厘米。

我头上如新生婴儿般细软的头发，这让我脖子后面都起了一层鸡皮疙瘩。

测量过后，他去里屋拿不同的试戴样品。他知道我曾经有一头长长的金发，所以他回来时拿的都是有着不同长度和深浅色系的金色假发，从亮黄色到近乎棕黄色应有尽有。他将每一顶假发依次戴在我头上，并与我母亲讨论哪顶假发最接近我"天生"的发色。他解释说，所有的假发都是用人的头发做的，这让我莫名想到了两个奇异的故事组合，一个是圣诞故事《麦琪的礼物》[1]，在这个故事中，一个女人为了爱情而卖掉了长发；另一个则关于犹太人大屠杀（the Holocaust），我知道纳粹在集中营里会剃光人们的头发，并会留下那些即将惨死之人的头发。

现在，我不得不看着镜子里的自己，这是无法避免的。每戴上一顶假发，都要对其进行调整，这个男人和母亲都会问我觉得怎么样，但我只能闷闷不乐地点头或摇头。我看着自己试戴的这些假发，上面的头发虽然暗无光泽，但毕竟是别人的头发，这真叫我恐惧，每当我戴着某顶假发，而这个男人评论说它看起来"多么自然"时，我只会觉得，他，以及最终的我自己，都变得更加诡异了。

这一切还要持续多久呢？这世界上到底还有多少顶假发啊？

---

[1] 美国作家欧·亨利（1862—1910）的著名短篇小说。

虽然我内心正在变得越来越狂躁不安，但我还是假装自己很开心，当最后一顶假发终于被试戴上的时候，老人问我喜不喜欢它，我还朝他笑了笑。实际上，我讨厌它。最后，终于谈到了价钱问题，在我看来，这便标志着这场拉锯游戏要结束了。我知道母亲永远不会花钱买假发这种可笑的东西，而且，我们不是差不多已经约定好了，我们不是真的来买一顶假发吗？这个男人报了一个惊人的价格，远比我们开玩笑时说的还要高昂。我坐在椅子上，摆动着双脚准备离开，看着镜子里母亲和这个男人说话时的映像。令我大吃一惊的是，我看到母亲脸上的表情似乎是在说，她实际上正在考虑订购一顶这种价格高昂的客户定制版假发套。她是认真的吗？我惊讶地继续看着，在我们最终离开这家店时，母亲答应店主，她会考虑一下，明天再给他回电话。

我以为，等我们一上车，母亲就会看向我，然后，我们俩就会哈哈大笑起来，吐槽着独属于我们的这份私人笑话，但她并没有这样做。母亲转过身来，很认真地对我说："那么，你想不想要一顶假发？这得花很多钱，但如果你想要的话，我就给你买。"

究竟发生了什么事？我以为我们只是为了对她的朋友表示礼貌才去那里的。那些假发多么丑陋、多么令人震惊啊，这不是明摆着的事吗？我不知道该如何回答母亲。回家后，母亲打电话给她朋友，告诉她发生了什么事，我还听到她说："很长一段时间以来，这还是我第一次看到她的笑脸。她已经很久都没有这样笑过了。"

所以，事情就是这样。通常而言，我能凭直觉猜测出人们的言行背后想表达什么意思，但是，如果连我自己的母亲对我的真实想法都误解得如此离谱，那我又怎么能确保，我自己没有误解他人言行的含义呢？

为了不让事态失控，我去找了母亲，并直截了当地告诉她，我不想要假发，我觉得它们都很丑。由于节省了这笔费用，她看起来似乎松了一口气，但当她看着我微笑时，我又想起了她在电话里跟人说的话。我对母亲微笑着，心底里却对我新发现的、这个横亘在我和这个世界其余部分之间的鸿沟感到厌恶至极，难道我生活中原本的障碍还不够多吗？出于想要不断寻求真相的冲动，我还特意问了母亲有关她与朋友之间的对话，我认为那是对我的背叛。我一直说我没事，甚至很开心，那顶假发就是个很好笑的大笑话。母亲朝我笑得一脸灿烂，她似乎对又能看到我以前的样子而感到宽慰，在那一刻，我也很开心，甚至感到心满意足，至少，我还能让母亲感到宽慰。

我仍旧戴帽子。但我摆脱不掉我看到的自己那张脸的形象，它戴着假发的样子可笑而怪诞，那种光晕一直笼罩着我。人们会说，"现在，这看起来不是很不错吗？"他们真的是想表达这个意思吗？我很确定，我戴上那些假发看起来糟糕透顶，那么，为什么我的想法似乎与其他人的想法都不一致呢？是他们在欺骗我吗？也许，别人是不想让我伤心。我突然意识到，我可能看起来比我自己想象的还要糟糕。

一天早上，我走进卫生间并关上了门，尽管此时家里只有我一个人。我打开灯，十分仔细、极其认真地审视着镜子里的那张脸。我头上光秃秃，但我已经知道了这一点。我也知道我有龅牙，这是我早就隐隐约约感到羞耻的事情，但在这一刻之前，我都没怎么在意过它。我的牙齿长得也不好看。而且我才注意到，由于我的下巴看起来太小，所以牙齿变得更加糟糕了。怎么会变成这个样子呢？我记得，我之前的下巴没这么小啊。我在柜子里翻找着，找到了一面手持化妆镜，稍微倾斜了一下角度后，我第一次看到了我右脸的轮廓。我早就知道会留疤，但是，我的脸怎么会那样陷进去了呢？我不明白。有没有可能，我已经这个样子好一段时间了，只是我自己才刚刚注意到它？还是说，这种变化是最近才发生的？与其说我感受到了那种丑陋，不如说我是突然被一个想法所震惊，也即，我一直这样四处走动着，根本没有意识到这对其他人而言是如此显而易见的事情。一种深切的耻辱感吞噬了我。

我把镜子收了起来，关掉灯，回到客厅，和猫咪们一起躺在阳光下。猫咪们不在乎我长什么样子。我生出一股强烈的情感，暗暗发誓要勇敢地、衷心地去爱他们，好证明我有能力，我值得被……究竟值得什么，我自己也不确定，但肯定是一些美好的东西、高贵的东西、壮丽的东西。我也对狗狗们重复了同样的誓言。

我父亲的工作时间很不寻常,早上很晚才去上班,直到天黑后很久才下班回家。他自己做晚饭,然后,他就在洗碗槽附近站着吃饭,一面还若有所思地透过看不见风景的、漆黑的厨房窗户凝视着外面。有时晚上,我会从床上起来并去那里找他。听到我走进房间,他会盯着我看,他脸上会现出片刻的讶异,接着,就转变成了见到我很开心时的那种和颜悦色。"露辛达·玛格",他会这样称呼我,好像他只是在这时才给我起了名字,而我会坐在一张椅子上,将睡衣拉到膝盖上面,并将布料拉紧、扯平整。他会这样和我一起坐在餐桌旁,我看着他默默吃饭,我们俩都感到心满意足。

有一天晚上,当我走进厨房时,他正戴着一顶假发。那时候,家中的假发扔得到处都是,我们对它们的存在也丝毫不在意。猫咪们会在假发上面睡觉,狗狗们会叼着假发玩拔河游戏,而当客人们戴假发时,也仍然能博得大家开怀一笑。

我父亲正站在锅炉前,搅拌着一锅热气腾腾的食物。"露辛达·玛格,快看我!"他咧嘴对我笑着说,好像是期望我能告诉他他看起来很傻。我没有说话。我只是一如既往地坐下来,看着他做好饭,再独自吃完饭,直到我再也受不了时为止。

"爸爸,快把它拿下来。"

"把什么拿下来呀?"

"假发。"

"什么假发？我没戴假发啊。"

"爸爸！！！"

"我不懂你在说什么呀。"

对话就这样持续着。我知道他在跟我开玩笑，我也知道，他并不知道我有多想让他摘掉那顶假发。最后，我只好放弃。我动了动睡衣下的膝盖，走到父亲身边，把长发撩到脸颊一边，亲吻他，并跟他说了声晚安。

我仍然在实验怎么让自己生病，但都没有成功。肺炎仍然是我最宝贝的计划，尽管我还是无法将水吸入肺部。夏天已经到了，所以，要想通过待在外面来得感冒，已经没有可能了，但中暑还是有希望的，我看过很多人们被困在沙漠中的电影都是这么演的。我并不知道中暑是怎么回事，但中暑（stroke）这个词让我想到了某种温柔的爱抚[1]。我只知道，中暑的人有可能会看到海市蜃楼。由于日光中存在额外的辐射，我被禁止待在阳光下暴晒，所以，任何能够让我"美肤"[2]的露天日光浴都被家人排除在外了。

我把自己裹在一块毯子里，去后院我的私人角落里躺下来。我躺在那里，感受蚂蚁在我的皮肤上面爬来爬去。通常而言，我

---

[1] "stroke"作动词，也有"用手抚摸"的意思。
[2] 西方人普遍认为，肤色淡白（pale white）是不太健康的表现，因此会青睐晒日光浴后的大麦色甚至是偏黝黑的古铜色肌肤。

喜欢蚂蚁和虫子，但我偶尔也会折磨它们，接着，我又会感到内疚和罪恶。折磨完它们后，我发誓不会再这样了，但我下次总是还会再犯。在读过一则德国的童话故事后，我的这个毛病终于被治好了。故事里讲述的是这样一个可怕的小女孩，她喜欢从苍蝇身上扯下翅膀。等她死后，她来到了炼狱，命中注定的事是，所有那些被她毁掉的、不能飞行的小生命爬满了她的全身，甚至钻进她的嘴巴和眼睛里。因而，我停止折磨虫子，并不是出于道德上的原因，而是出于自我保护和感到恶心的双重缘故。

阳光如针孔般细的光束穿过毯子。背景音中有鸟儿的歌唱和电锯的哀号。天气很闷热。我坐了起来，把毯子当作蒙头斗篷，然后，我开始凝视远方。汗水从我的肋骨侧面滚落下来，我的肋骨如此的纤瘦，我能感觉到汗水短暂地停留在每根骨头的脊上。我凝视着远方。我一直在寻找着我的海市蜃楼。在电影中，中暑的人们要么会看到水帘洞，要么就会看到美人，有时，甚至两者都能看到。我的眼睛扫视着后院：还是什么也没有出现。我的T恤衫已经被汗水浸透了。连我的手背都在出汗，我的头皮擦着毯子也开始发痒。我意识到，这是行不通的。我吃力地支撑起身子爬了起来，走回有空调的屋里面，推开门的刹那，一阵凉爽像一桶水一样扑面而来。

有一次，我真的摆脱了例行的化疗，但我其实并没有感觉到特别不适。但当抽血化验显示我的白细胞数量惊人时，我真是喜出望外。医院决定，我应该被隔离一段时间，于是，一名搬运工来到诊室，将我放到一张轮椅上。我很喜欢坐轮椅，当搬运工推着我从伍尔夫医生身边经过时，我还很愉快地向他挥了挥手。

"你最好别看起来这么兴高采烈。"母亲嘱咐我道。于是，我立即进入了流浪儿模式，这是一种我已经熟练实践过一段时间的风格。自从慢慢意识到我那古怪奇特的外表，我决定要好好利用它来对人们施加影响，至少要用某种方式让它发挥作用。

隔离毕竟不会那么令人兴奋。因为我的隔离安排突如其来，所以我也没有带书或玩具过来，而且，最恐怖之处在于，隔离病房里连电视机都没有。因为原先的病房里有细菌，我也不能把那里的任何旧玩具带出来。隔离病房的视野也不好，唯一的窗户还被一台坏掉的空调给挡住了，看不见外面的风景。我不停地开门，把头伸出去，但总有人会大声叫我关上门，待在里面，回到床上。我觉得自己健康得很。我怎么可能会真的病了呢？我把脸朝下躺在床上，感受我的髋骨硌进洗得发僵的床单里的感觉。想要睡着还真困难。我只好靠自娱自乐来解闷，我假装自己是一名被"关进地牢"里的囚犯，我读过的某本书里就写过监狱里有这么一群男人，它本来不是一本适合我看的书，因为在书中，这些男囚犯与监狱里的吉祥物——一只驴子——发生了性关系。我躺在床上，想象着自己被关押了。

不过，那一星期是个例外。在大多数星期里，星期五仍然是特别的一天。在两年半的时间里,化疗成了我生活中的全部。为了打发等候伍尔夫医生的时间,我上厕所时会去走廊尽头的公共卫生间。我很喜欢那种感觉,我小小的身体沿着所有穿西装和白大褂的大人的同一个方向前行,他们庞大的身躯毫不费力地从我身旁掠过,他们脚上的便鞋咔哒咔哒地踏着瓷砖地板。

公共卫生间是一处只有两个隔间的老旧厕所。每个隔间的门都是木制的,里面用银色的金属门闩拴着。除了这些金属门闩以外,厕所里的其他地方都没有涂鸦的痕迹。有人——我敢肯定,还是同一个人——在两个隔间内的每块长方形金属片上都刻下了一条信息。要是坐在第一个隔间的坐便器上,你就会看到"上帝就在附近"(*God is Near*)的字样,而在第二个厕所隔间里,上面刻着的是"活在此时此地"(*Be Here Now*)。我总是会尽情想象写下这些信息的人,和我一样,坐在这同一个坐便器上,身体前倾,一只手臂举起来,靠在门已经变形的木板上,另一只手则拿着一把指甲锉刀。我觉得这些信息可能在很久以前就被刻上去了,甚至远在我来之前。他们怎么样了呢?我很想知道。他们为什么会来这里?我从来没有问过自己他们后来可能都遭遇了些什么。

在我的私人时刻中,我仍然会试着与上帝交谈,有时,我也试图跟他做交易,想让他回答我的问题,而我会静静地聆听答案,诸如此类。因此,在卫生间里的私密交流对我来说似乎就很重要。

每个星期五,我都会走进这处公共卫生间,在不可避免的事情即将发生之前，消磨上一段时光，我会在两扇门之前停顿片刻，试图决定我想读哪一条信息。第一扇门，"上帝就在附近"。嗯，那好吧，附近是有多近呢？这是否意味着上帝他就在附近，就好像有人在朝你走来时的那种靠近方式——越来越逼近，虽然他还没到，但迟早还是会现身的？或者，这是否是说，他就在这附近，只不过没有露出他的脸——他在场，但是不可见，就像一个躲在壁橱里悄声呼吸的人那样？第二扇门，"活在此时此地"。我现在根本就不想置身此时此地。然而，我的需求是无关紧要的。不管我喜不喜欢，我"现在就是置身此时此地"。但是，这句话中有什么东西吸引住了我，尽管它看起来如此简洁，又或者，正是因为它看起来如此简洁，所以才会吸引我。因此，我十有八九都会选择进入第二扇门后的那个卫生间。

在有些星期里，我呆呆地盯着这行字看，脑子里光想着母亲在候诊室里会发生什么事情，她大概又织完了多少行毛衣。而有些星期，我想到了即将要面对的化疗注射，又或者，我只是继续着我幻想中的生活：我是在小镇的酒馆里买醉的小马特快骑手，我是在思考着绝佳的垃圾处理方式的外星人。还有些星期，尤其是在天气炎热的时候，我就什么都不想，光听着尿液嘶嘶地流进我腿下的水中，与此同时，我身子前倾，将额头抵在刻有铭文的凉爽金属片上，泪如泉涌。

第七章 面具

在错过了四年级和五年级——五年级时，我只有一周左右的时间在校——的大部分学年时间之后，我终于在六年级的某个时段，开始在化疗期间的定期"休假"中重新出现在学校里。我会神秘地出现一两个星期，有时候甚至是三个或四个星期，接着又会消失好几个月。

六年级时，班上的大部分同学都是和我一起长大的那些孩子。在大多数情况下，他们真的很好奇发生在我身上的事情。尽管不那么亲密，他们都很尊重我，虽然也有那么一小撮男孩总是会骂我："嘿，姑娘，快摘下那个怪物面具！——哎呀不妙，她并没有戴面具！"这是六年级时让我印象最深、最喧闹的时刻了，那些男孩们，毕竟他们还只是些少年，几乎都笑瘫在了地上，折服于他们自己的话语智慧。但令他们大惊失色，也让我的老师们感到震惊的是，我反击了回去，我会朝着他们大喊："你们这群愚蠢的'dildos'（人造阴茎）！"

尽管我并不知道这个词是什么意思,但德里克过去常常会说这个词,我还以为,这是一种绝妙的骂人的话。因为使用了这种强大的侮辱之词,我遭到了好多次训斥责骂。在经历了这些斥骂之后,我终于问了我哥哥它是什么意思。"人造阴茎(artificial penis)",他告诉我。自此,我就再也没有用过这个词了。在医院里,我认识装有义肢的小孩,我也认识泌尿系统和尿道出了问题的小孩。

这个学年进展缓慢。我觉得自己的六年级好像已经上了好多年了,但其实,现在才十月份。万圣节就快要来了。虽然我们家来自爱尔兰,但我们从来不觉得万圣节是一个重大的假日,不过,萨拉和我经常还是会出去玩"不给糖就捣蛋"的传统把戏。在过去的几年中,我一直病得出不了门,但今年的万圣节,恰逢我感觉身体很好的一天。母亲给我出了个主意,她让我装扮成因纽特人。于是,我穿上了一件冬衣外套,用纸糊了一条鱼,挂在一根棍子的末端,然后用围巾把我的脸包了起来。我的头发长出来了一些,我喜欢头上的帽子摩擦头发的感觉。截至这时,我的帽子已经成为我身体的一部分;我只有在家里时才会取下它。有时,也会有小孩取笑我,他们从我身边跑过,故意拿掉我的帽子,还管我叫秃子。我讨厌这样,但我认为,总有一天,我的头发会长出来的,到那一天,所有的嘲笑和戏弄就会终结。

我们提着枕头套当袋子在街区里走来走去,遇到过其他几群小孩，我们还交换了一些节日活动心得：从那边过去，有三户人家给了整块的糖果，而隔壁的那户人家，只给了些便宜的薄荷糖。我感觉棒极了。夜幕降临，月亮升了起来，大一点的孩子们，以及大块头的孩子们都开始四处走动，直到这时，我才意识到为什么今天我会感觉如此良好。这是因为，没有人能看清我。没有人会看到我的脸。

虽然是十月底，但那天晚上非常温暖，我穿着风衣外套大汗淋漓，但我却满不在乎。我感受到了空前的自由：我大胆地邀请其他人跟我跳华尔兹，丝毫不费力，我还提出问题，并发表一些我所在小组中的其他成员都不敢发表的评论。我不明白他们在怕什么。直到现在我的脸被遮挡住的这一刻，我才意识到自己已经变得有多么温顺，我对自己的脸到底有多么敏感。我的孪生姐妹和她的朋友们从来不用担心他们的外貌，至少，在我看来是这样，那么，为什么那天晚上他们不能像我那般感到无畏和快乐呢？

最后，我们的枕套都装满了，终于到了该回家的时候。我们兴高采烈地把糖果一股脑倒在地板上，然后再重新分配了一下：由于我咀嚼困难，所以，我把对我来说太硬的糖果都给了萨拉，而她也无私地把所有软乎乎的东西都给了我。我脱下我用来装扮爱斯基摩人的派克大衣，没有戴帽子，就回到了我自己的房间。通常，我觉得在家人身边不必戴帽子，我一个人在房间里时，也从来都不戴帽子。在那个异常温暖的晚上，由于我跑来跑去，身上也热乎乎的，我身边放着那晚收获的所有糖果。然而，一旦我独自一人待在房间时，我突然又觉得有必要重新戴好帽子。我不知道出了什么问题。我吃着糖果，一直吃到自己快要吐了，我努力想要忽略其他一切事情，除了明显摆在我面前的东西、我可以触摸和品尝的东西，什么都不要去想。巧克力在我的手指甲下融化成了灰褐色，糖果甜腻得让我嗓子发疼。

第二年春天，在第一个温暖的春日里，我和我的一位老朋友特蕾莎，在她家那整洁有序的后院里一块玩耍。突然之间，她完全出乎意料地问我是不是快要死了？她漫不经心地看着我，就好像她刚刚问我的问题是那天晚些时候我准备做什么一样自然。"其他小孩都在说，你正在慢慢死去，你的生命在'消失'。"我震惊地看着她。我快要死了？到底为什么会有人认为我快要死了呢？"不是，"我回答道，"我不会死。"在回答这个问题时，我的口气斩钉截铁，就好像她是在问我"是不是教皇"一样。

等我回到家后，我打算问问母亲为什么特蕾莎会说这种话。就在我从前门进家时，母亲正从车库的侧门进到屋里来，她的胳膊上挎着大大小小的购物袋。她从包里拿出一件大红色衬衫，并把它举到了我的胸前。闻起来像是新衣服，上面的价格标签刮擦着我的脖子。

"在短袖中，可真难找到高领衫啊，所以，我一下子给你买了好几件。"

我内心深处仍然是个假小子,根本不太在意自己穿什么衣服,只要不是连衣裙就行。但是,高领衫——究竟为什么我要在温暖的春日里穿高领衫呢?我没有大声问出心中的疑惑,但母亲一定知道我在想些什么。她直视着我的眼睛说:"如果你穿的衣服能够遮住你的脖子,那么,伤疤就不会那么明显了。"

虽然我真的很困惑,但我还是把那一堆大红鲜艳的衬衫带回了我的房间。要是我在夏天穿高领衫,不是会更傻吗?它们真的能遮住我的"伤疤"吗?自从那次在店里试戴假发之后,我就再也没有好好地、客观地审视过自己的长相了,但那次似乎也是很久以前的事了,差不多有两年了。记得那次,我曾为审视自己的长相而难过,后来,我就忘掉了我在那面镜子里所看到的东西,我也很乐意这样。自那以后,我也特意不再仔细端详自己的相貌。

我穿上了短袖高领衫,顺利完成了短短几个月的小学生活。我和我的朋友简一起玩耍,她家很漂亮,周围还有几英亩的草坪,最为壮观的是,那里还有一座小湖。湖边有一艘划艇,大人不许我们自己划,但我们还是这么干了。我们将划艇划到对岸——其实,也就只有八分之一英里[1]远。"登陆"之后,我们假装自己刚

---

[1] 英制长度单位,1 英里约为 1609 米。八分之一英里约为 201 米。

刚探索、发现了一个新国家。我们手里拿着笔记本，一一记录着我们的新发现，我们扒拉开石头，石头下面有蝾螈和各种黏滑的小东西，我们会给它们取一些似是而非的拉丁文名字。

简也有很多毛绒填充玩具及塑料动物，她和它们的关系就像我和我的那些动物的关系一样离奇复杂。我在她家留宿时，我们会相互比较我们那错综复杂的幻想世界。有时候——虽然也没有那么频繁——简想聊聊男孩子，我就会坐在我的睡袋上，膝盖蜷缩在我的睡衣下，耐心地听她讲。就这方面而言，我从来都没什么好聊的，虽然我最近也对一个人渐渐生出了一种朦胧的情愫。那个人是奥马尔·谢里夫（Omar Sharif）。

有一天晚上，我和父亲一起熬夜追《日瓦戈医生》[1]（*Dr. Zhivago*）这部电视剧。我蜷缩在父亲身旁，头靠在他的大肚腩上，听着他的心跳声、他的呼吸声，并专注地看着电视上发生在遥远国度——一个分外美丽又天寒地冻的世界——里的故事场景。我想着，我要是出生在那里该有多棒啊！我想象着，要是我自己经历过俄国革命，我将会一直忠于我自己的那份革命热情。同样，我也会跋涉着穿越那片苔原，让冰雪做成的毯子覆盖在我身上，并让冰花在我的眉毛上噼啪作响。好几个星期以来，我一直在想

---

[1] 《日瓦戈医生》是 1958 年诺贝尔文学奖获得者、苏联作家鲍里斯·帕斯捷尔纳克的小说代表作。

象着那个已经被毁掉的庄园，日瓦戈就是在那里写下了他的十四行诗。我意识到，这座房子真正的美丽和荣耀与它已经被毁了这个事实之间，有着千丝万缕的联系。我不明白为什么会这样，我不明白为什么重新想象这个场景让我有如此深刻的满足感，我也不明白为什么这种满足感会掺杂着一种如此悲伤的渴望，我更不明白为什么这份渴望反而会增添其他一切事物的美丽。

小学毕业典礼的日子就快要来了。我还记得自己在二年级时看着一群准备毕业的六年级学生的场景。那时我觉得，等到我自己真正毕业的那天，似乎还有一段漫长到难以想象的时光。而如今，我正和其他毕业生一起，置身在外面举办典礼的院子里，此时，我又想起了我把头伏在课桌上，并向老师宣布说"我永远都毕不了业"的那一天。我甚至可以清晰地回忆起自己凝视着教室的窗外。这四年里，发生了太多事。我觉得自己是如此苍老，我也为自己这般苍老而感到自豪。在毕业典礼仪式上，副校长还特意提到了我的名字，他说我特别"勇敢"，也应该因此而受到众人的特别关注，我感到十分震惊。他说话时，我能明显感觉到我的体温在上升，我的脸唰一下红了。置身此地，我成了众人瞩目的焦点，得到了我多年以来一直梦寐以求的褒奖和欣赏，但是，我所能感受到的，却只是强烈而灼热的难为情。我被叫到了典礼台上。我听到每个人都在鼓掌，但与其说我是听到了掌声，还不如说我是本能地感知到的。在一片茫然无措中,我接过了舒尔茨先生赠送给我的礼物——一本《先知》[1]（*The Prophet*）诗集。我勉为其难地感谢了他。

等我一个人在房间里时,我曾随意翻开过这本书。我读到的诗句是关于爱情的,关于如何有尊严地接受另一个人的爱。我只看了一页便合上了书。我不想与爱情的世界有任何瓜葛;我认为,想要被爱是一种需要克服的弱点。此外,我心想,爱情的世界也不会和我有什么关联。

暑假过后,马上就要升入初中。简、特蕾莎和萨拉对此都感到非常兴奋,这番前景即意味着可以成为"成年人"、可以选择不同的课程科目、能够拥有属于自己的储物柜。她们的兴奋也很具有感染力,在开学的前一天晚上,我自豪地在我的各种笔记本上为不同的科目做了标记,并偷偷做旧磨损了我预备好的新鞋,好让它们看起来老成世故一点。

开学后,每个人都很紧张,但我敢肯定,我是唯一一个真正感到恐惧的人。我发现自己会侧身穿过我一直都充满期待的学校大厅,假装没有注意到其他小孩正在盯着我看,他们几乎都是来

---

[1] 美籍黎巴嫩作家、画家和诗人纪伯伦（1883—1931）的作品,代表作有《泪与笑》《沙与沫》等。

自邻近城镇的陌生人。我看过很多充满阴谋和戏剧性情节的青少年电影,所以,我一直很期待去午餐室。好巧不巧的是,我刚好坐在了一桌男孩子的旁边。

他们公然对我指指点点,并且哈哈大笑,还故意大声喊叫、好叫我听见,"那边到底是个什么鬼东西呀?""那个人真是我见过的最丑的女生。"我心里明白,他们的言论与我无关,他们不过是想在他们的朋友面前装出一副强硬和帅气的派头而已。但是,这些男生比小学时的那些男孩都大,我第一次意识到,他们是在评判我,评判我是否适合做某人的女朋友。"我敢打赌,戴维想去亲她,是吧戴维?""哼,可不是嘛!"

最初,我采取的策略是,假装没有听到他们说话,但这么做似乎只会让他们得寸进尺。在学校走廊里,我也遭受过类似陌生攻击者的戏弄嘲笑,那时,我会低着头看地板,并会走得更快些,但是在午餐室里,坐着的我就成了众矢之的。还是这同一群男生,他们开始在学校里不停地找我,日复一日地故意坐在我附近,即使我试图坐在一群人中间来躲避他们,也无济于事。他们胆子越来越大,我能听到他们密谋说要派某人坐在我的对面。我从正吃着的食物上抬起头,看到一个男孩笨拙地、懒洋洋地坐在一把红色塑料椅上,他天真地问我叫什么名字。接着,他又问我是怎么变得这么丑的。听了这话之后,这群人会突然爆笑起来,而我的那名审判官,则会扬扬得意地迈着大步走回他们当中。

就这样持续了两个星期之后，我忍无可忍了，于是跑去找我的班主任诉苦。我以为他会去训斥他们，但他却问我是否愿意到他办公室的私密环境中就餐。我很惊讶，不过，我还是说自己愿意去，接着，在这个学年余下的时间里，我上学时一直都是在那里吃午饭。每一天，我都会等着我的班主任、其他班主任和秘书们各自去午休，然后，我会穿过空荡荡的外间办公室，走进我班主任的私人办公室，并关上身后的门，坐在里面就餐。我一边吃着棕色纸袋里的食物——午餐袋在一片寂静中咯咯作响，一边看着班主任年幼的孩子们画的画。这些画被他贴在办公桌附近的墙上，都是一些简单的画作：天空是靠近图纸顶部的蓝色线条，草地是靠近底部的绿线条，人则画得和房子一样大。在那间办公室里，我感到安全和安心，但我也感受到了孤独，此外，这也是我第一次明确地找到了我不快乐的根源——因为丑陋。几星期以后，我离开了学校，重新开始接受化疗。这还是我人生头一回这么高兴能够回去化疗。

我的内心世界正在变得越来越黑暗和阴郁。越南战争刚刚爆发，它占据了我最新近的记忆，挨家挨户的电视屏幕上和每一份报纸上，似乎都可以看到发生在东南亚的暴力画面。我一遍又一遍地不断告诉自己，相比之下，我的生活是多么幸福。我有吃有穿还有家，也没有人折磨我，这不啻是个奇迹。我告诉自己，学校里的那些男孩都特别愚蠢，他们过的是多么愚蠢而不自知的生活啊。他们怎么会认为就他们自己的生活无比重要呢？难道他们不知道他们随时都有可能失去一切吗？他们不明白的是，人们根本不能把任何美好或有价值的东西视作理所当然，因为痛苦和残酷迟早都会到来。我从存在本身炮轰我自己，饿己体肤，并百般折磨我自己。

我有无穷的想象力可以帮自己暂时摆脱痛苦，我有精确优雅的想象力（the elegance of imagination）来教会我一些关于我周边世界的真理，但我还不具备足够清澈明晰的想象力（the clarity of imagination），我看不到为何要百般受苦，我也看不到受苦的必要。我按照痛苦的等级秩序来应对绝望：要是世界上还存在着更沉重的痛苦，那就意味着，我自己的痛苦被降级和稀释了，也不值得一提。我认为，我只需要接受我很丑陋这个事实即可，对这个事实感到绝望则没有必要，那也是错误的。

万圣节又到了，虽然我几天前才打过化疗针，并且感觉有点头晕，但我还是央求母亲让我出去玩。我戴上一块塑料女巫面具，就和特蕾莎一起出了门。一瞬间，我自由而大胆无畏地走在大街上：没有人能看见我的脸。我透过面具上椭圆狭长的眼洞瞥着外面，没有看到一个人在盯着我看，也没人准备因这张脸而取笑我。我在面具后面呼吸着刺鼻的、带有塑料味的空气，我觉得我像是在正常呼吸，而这份自由和轻松就是这个世界的组成部分，其他人一直都能感受得到。他们怎么可能感受不到呢？能够不被人取笑并且安全地走在大街上，他们怎么可能感受不到这份快乐呢？我假设，这就是其他人一直以来都会有的感受，所以，我再次将我的脸当作是让我与众人隔阂且不同的东西，将它当作是让我的生活和我自己变得糟糕透顶的外在原因。

回到家后，我摘下了面具，我既感到难过，又觉得如释重负。感到难过是因为，我觉得自己像个穿着王子的礼服走动了短短几个小时的贫儿，而且我还非常喜欢这样。感到如释重负则是因为，我觉得那种快乐与我自己无关：我不配得到它，因而，我从一开始也就根本不应该想要去得到它。我越来越容易陷入我的沮丧抑郁之中，并会把一切都归咎于我的这张脸。

汉娜是伍尔夫医生办公室里的一名清洁女工。她已经很老了，或者至少可以说，她在我看来已经很苍老了，无论春夏或秋冬，她总是穿着同一件羊毛衫。平日里，她要么在擦亮走廊地板，要么在给金属家具消毒，除此之外，她的个人活动领域主要限于医院走廊旁的一个长方形房间，它离伍尔夫医生的办公室只隔了几间屋子。我很喜欢这个房间，因为它被刷成了淡蓝色，不像这里的其他地方都是病态的绿色。在化疗的最后一年里，我变得非常虚弱。有时，在打完化疗针后，连步行几个街区走到停车场，对我来说似乎都是一项无法办到的艰巨任务。在特别糟糕的日子里，母亲就会把我交给汉娜照顾一会儿，她先去取车子。汉娜会让我坐在一张椅子上，椅子旁边是一张小桌子，桌子上放着一个水壶和一些杯子，这里就是汉娜专属的小岛了，她会在这儿休息。

就诊的例行常规乏善可陈，从来也没有什么变化。汉娜蹲跪在我面前，问我道："你感觉怎么样？"我能听到她的长袜和裙子之间的摩擦声。我直视着她的眼睛，满怀信任地跟她说："我鼻子疼。"

能够向她承认这一点，总是让人感到宽慰。直到后来，我才知道为什么化疗会影响我的鼻窦。但据我所知，汉娜是唯一一个相信我的这种滑稽抱怨的人。她会满怀同情地点点头，并递给我一杯茶喝，而我会礼貌地加以拒绝。而后，我们就坐在那里，互相看着彼此，一起等着我母亲回来。我知道，除了一杯茶，她也给不了我更多了。但她凝视的眼神抚慰了我。通常，我都会品评訾议别人的长相，但和汉娜在一起时，我隐隐约约地感到了一种同志般的友情，我想象着我们俩那不起眼的小小生活都被这些不知情的、粗鲁无情的医生给弄得很悲惨。对她来说，我可能只是在这个地方涌进涌出的众多生病小孩中的一个，但是，在我心里，我找到了一个生活与我一样艰难的人和我自己之间的无形纽带。尽管我病得很不舒服，但我总是很喜欢和她一起坐在那里，我想象着，我们平行的生活就像两列并行的火车一样，在安静地行驶，路线虽相似，终点却不同。

当我和简或特蕾莎——那时的这些朋友们，现在已经不可磨灭地被我贴上了"患病之前"的标签——在一起玩时，她们还和以往一样对待我。尽管也许还多出了某种温柔和敏感，这对我们所有人来说似乎都不舒服，也很不自然。她们会问我一些有关我的治疗会对身体产生什么影响的问题——例如，到底会有多疼？为什么我会这么消瘦？我的头发什么时候才会长回来？我喜欢充满活力和大加修饰地回答她们这些问题。在我的回答中，有三分之一是由于吹牛皮者对好故事的热爱，另外三分之一是出于我直觉地知晓一点，即她们永远都无法理解患病治疗的真实情况，而还有三分之一则是由于，很多时候，连我自己对这些情况也不是特别了解。我目睹着自己的生活在眼前展开，就像一个在电影开场后才跌跌撞撞笨拙地闯进电影院里的人一样。我觉得，电影开场时可能就已经揭示了一些重要的信息，一些其他所有观众都知道的关键信息，只有我还被蒙在鼓里。

我可以和一些好心的邻居交谈，像往常一样礼貌地回答那些询问我的健康状况的问题，尽管我极其清楚，这些谈话与我在10号病房中与朋友们的谈话，以及在患病"之后"与认识的朋友们的谈话有多么不同。那些没有生病或不了解医院生活常规的人，对患病有着他们自己的那份想象。似乎根本不可能告诉他们患病的真实情况。再说，我也不是特别想要这么做。

我更愿意看到街上的陌生人认为我患病了，我相信，一旦我回到 10 号病房中，我和我的朋友们就能为彼此重新定义什么是患病。

我觉得，我的疾病好像是世界为我披上的一条毯子，从外面只能看到一个难以分辨清楚的肿块。不知怎的，我学会了把那条毯子变成一个帐篷，在帐篷下面，我几乎愉快地安营扎寨起来。我不知道我的生活原本应该是什么样子，我只知道它现在是什么样的。那也并不是说，我现在真的很快乐，至少不会是"快乐"这个词的任何普通含义。我靠着一些启示录式的念头，想要正确看待自己的处境，但它们确实让我周身充满了一种相当沮丧的气韵。"看在上帝的分上，不要总是看起来这么病恹恹的。"已经成了我家中耳熟能详的一句话。每当有其他人在场时，我都觉得自己就只是一个沮丧而抑郁的肿块。只有当我独自一人时，我才能重新体悟到活着的快乐。

每个星期，我都会呕吐上好几天，这之后，体力便会慢慢恢复。随着体力的恢复，我就像看到黎明前的第一丝曙光一样，我发现，对我而言，快乐可以用否定辩证的方式来衡量，也就是说，没有痛苦和虚弱，便是快乐。我最大的快乐不是通过努力而获得的东西，而是我早已拥有的东西，它铿锵有力、埋藏在我内心深处，是我在剥除掉包裹着它的痛苦之墙时发现的，只有经历过这种层层剥除的过程，我才能找回它。我知道痛苦之墙就在我的体内，而且我还了解到，大多数人从来都没有经历过这种周而复始的、深度的身体不适，因此，他们不会也不能够了解这一点。

我看待其他人时既带有批判又满怀同情。看看人们实际上拥有多么美好的生活啊，为什么他们就不能停止抱怨，变得从容淡然呢？每个人似乎都在等待，等待着某个能让他们继续前行的转折性事件发生，等待着某个虚无缥缈的未来时刻能让他们重新学会认真地生活。我们每个人都是如此，从我母亲，到我在书籍中读到过的很多人物（对我来说，书中人物就像真实的人一样存在，而且也很重要）都是这样，他们总是会过分关注别人的生活并心生向往，同时希望自己也能过上别人所拥有的那种生活。我希望他们都能停止这种艳羡，好好看看他们现在已经拥有的东西，看看他们是否康健、体魄如何。我不禁思忖，要是我能拥有他们一半的幸运，能拥有他们一半的所有之物，那我的生活该会是什么样子啊！紧接着，我又会心生羞愧，因为我也百般渴望着别人的生活，而我还在这里指责他人不该这样去想。虽然我头脑很清醒，但有些时候，我觉得自己头脑如此清醒的唯一原因，就是因为我看到了自己过着多么虚伪的生活。

在两年半的化疗快要结束的那一周，我要进行十分密集的化疗。那次，我被送到了另一个病房中，因为我原来住院时的10号病房已经满员了。我的新室友是一个遭冰船碾压身体的女孩；

冰船上的刀片将她的肠子一截两半，所以，不得不通过手术使它们被缝合到一起。她得到了很多关注，很多关心她的亲戚和学校里的朋友们都来病房探望她。我有点嫉妒她，也有点不屑，因为她对她的意外事故太过夸大和较真，这不大符合我的品味（taste）。毕竟，她还好好活着，不是吗？她的确已经做了一次手术，下周可能还会再做一次手术，但在那之后，一切就都结束了，所以，她有必要那么大惊小怪吗？

在医院里，深夜这个时刻总是很糟糕，尤其是在这个病房里，我以前曾住过这间病房，这里的人手严重不足可是出了名的。通常，就只有一名护士和少数医务助手来照顾病房里的所有人。如果你要挂静脉注射滴液的话，在深夜尤其不利。那时候，他们还是用蝴蝶针给人挂静脉滴注，而不是像现如今使用的那种灵活的导管式针头。蝴蝶针的针头插入你的手背，就只是简单地用胶带固定在皮肤上。它扎穿静脉的可能性也很高，因而，我学会了让那只手保持绝对的静止，即使在睡梦中也是这样。工作人员本来就很有限，然而，更糟糕的是，他们还经常忘了要定期给注射滴液瓶重新补满滴液，所以，滴液瓶会在夜间变空，这便会导致血液倒流、针头上凝结血块。有很多个夜晚，我都不得不被人叫醒三四次，好重新扎上一只蝴蝶针、重新挂上注射滴液。我的静脉非常疲惫，以至于他们通常需要扎上三四回，有时甚至是五回，才能让滴液正常流动起来。而医生为着半夜要被静脉注射滴液这种琐事吵醒，从来都感到很不悦。我学会了睡觉时纹丝不动，这样就能避免碰到针头，不仅如此，我还学会了在睡觉时每隔两个小时就醒来一次，这样一来，我就可以自己检查滴液瓶里的滴剂还剩下多少了。

有一天夜晚，我在那个陌生的病房中醒来，城市的灯光从窗户照射进来，我就着亮光看了看注射滴液瓶。让我松了一口气的是，它仍然是半满的。窗户中照射进来的光，穿过瓶中清澈的溶液，还在大理石地板上投射出了花纹般的影子。我不得不去趟卫生间。我想看看自己是否可以在没人搀扶的情况下独自走上几英尺，但我发现我做不到。在按下呼叫护士的病床按钮后，我叹了一口气，因为我才意识到，这里不像其他楼层所使用的是蜂鸣器系统，而只是一个灯泡。按下按钮之后，我的病房门口、位于走廊上的那盏灯泡就会亮起来。但很有可能，一段时间之内都没有人会看到它。我等待着。我等了又等，甚至试着叫喊过，但我的声音无法传到那么远。我的室友正在酣睡，她那天早上的手术中使用了大量的镇静剂，它们仍然生效。我看到她张开的嘴巴、肥嘟嘟的脸颊，她的整张脸面向天花板，她那浓密的卷发垂到了一侧。

在前一天的晚餐时间，她一直在跟我讲她父母离婚的事情，她说她父亲每个周末都过来接她，总会带她去做点什么事情。这个周末，他们刚一起去冰上航行。她提起这件事时，用的是一种不开心、不情愿的被动口吻。当她在手术室里时，我听到她的父母在吵架，她母亲指责是她父亲造成了这次意外事故。他也对着她大喊大叫，在我看来，最后是她父亲赢了。这对夫妇似乎理不清他们自己错综复杂的生活、他们的离婚、他们的争吵，但他们无疑都很关心他们的女儿，这个女儿将父母双方分散的注意力集于一身。谁能明白这时的我有多么嫉妒！

我一直在等着看护士是否会过来。我不知道自己到底等了多长时间，但我必须做个决定：是起身走去卫生间，还是要躺在床上小便？以前也有过类似的情况，我通常都要这样做决定。在我父亲失业的那一小段时间里，我申请了国家医疗补助计划（Medicaid）[1]，然后，我便被送到医院中一个完全不同的地方，那是一个巨大的开放式病房，令人感到不安的是，那儿的医护人手更是严重不足。那时，我一遍又一遍地叫着护士或医务助手，但最后，我再也受不了了，我松了一口气，便直接在床上小便了。我不得不躺在一摊尿液中，直到它由温热变冰冷，并且扩散至整张床单。在这之后，一名医务助手终于过来了，还甚是滑稽地带着一个便盆。她很不以为然地看了我一眼，并说要派人给我换床单。十分钟之后，另一个女人出现了，她惊讶地望着我。她问我

---

[1] "Medicaid"也叫作"白卡"，是美国联邦政府和州政府共同合作的一项计划，旨在为低收入人群提供免费或低成本的医疗保险，孕妇、儿童、老年人、残疾人大多符合资格，不少州甚至放宽了资格限制，不论身份，只要收入在普通标准以下就可以申请。

多大了，我告诉她我十一岁。她摇了摇头，并说道，当她听说有人尿在床上时，她还以为肯定是个小婴儿。

这次，我再也不想经历那种尴尬了。我所需要做的就是坚强起来，自己去趟卫生间，我告诉自己，我可以做到的。坐起身来一点也不难。只要我慢慢地把身体滑到地板上就可以了。我抓着我的注射滴液架——它被错放在了床头不顺手的一侧，这又给我增加了一段需要跋涉的距离——准备去七八英尺外的卫生间。我走到了我的床尾。即使在深夜时分，外面街上的车水马龙声依旧清晰可闻。我的室友大口喘着粗气，几乎像是要打鼾，但又没到那种程度。在我推动输液金属杆前行时，我的注射滴液瓶摇摇晃晃，它在碰到金属杆后叮当作响。我靠近了室友的床脚边，还差那么一点儿，我就可以走到卫生间了，但我发现，我永远也走不过去了。我已经筋疲力尽。我不得不就地坐下来，因为房间里唯一的一把椅子，相比卫生间和我自己的床位，都离我还要遥远。疲倦和隐隐袭来的疼痛淹没了我，我感到不知所措，我甚至都忘记了自己要去上厕所这件事。我还能回到我的床上吗？那太遥远了。突然之间，我害怕自己会晕倒，于是我蹲在了地板上。我意识到自己正采用的这种姿势，是我曾经在新闻杂志上仔细研究过的一种姿势，是那些在无数饥荒照片中呈现的骨瘦如柴的人蹲伏的姿势。我没事，我告诉我自己，我会没事的。

我本以为，如果我能这样休息足够长的时间，我就可以恢复体力，并重新回到床上。短短五英尺，却似乎有五英里路那么远。我的膝盖疼了起来，我担心自己这样蹲着，一会儿可能会跌倒并弄掉静脉注射针头，所以，我小心翼翼地躺在了地板上。抵着坚硬的地板，我的髋骨和肘部更加生疼。要是我在这里躺上足够长的时间，会有人过来看看我吗？毕竟，我的呼叫信号灯还在亮着。要是看见我躺在这里，他们会怎么想呢？也许，他们会为我而感到难过，也许，他们会把我抱在怀中，把我放回床上，并安慰地用手抚摸我的额头，在我耳边轻声说些暖心之语。

在那一刻之前，我一直相信我的生命中充满了戏剧化场景，我的悲剧唤起了各种戏剧性的可能。但是现在，地板上太冷了。地板实在是冰凉彻骨。我不想再躺在那里了，尽管重新站立起来需要花费巨大的努力（a Herculean effort），但我不想再等着别人来拯救我了。突然之间，我想起了十一层楼的卫生间门上刻下的那条信息——"活在此时此地"，我好像明白了刻下它们的人想要表达的真正含义了。我感受到了一种无边无垠的宁静，一种默然静止。我觉得，这只是一个意志力的问题，如果我真的能集中精力，我就能回到床上。我也的确做到了。但那花费了很长一段时间，回到床上以后，我就什么都不记得了。我一定是立马就睡着了，过了好一会儿，我才被一名医务助手从沉睡中叫醒。最后，终于有人回应了我的呼叫信号灯。

某个星期四傍晚，我母亲一边准备晚饭，一边问我："你知道这是最后六个星期吗？"

"啥最后？"

"最后几组化疗注射。只有六个星期了，然后，这一切都会结束。终于要解脱了。你一定感到很开心吧？"

我很震惊。结束了？这就快结束了？我看着母亲，一时之间不知道说什么好。最后，我还是说了句："为此，真得感谢上帝。"那是她一贯会说的话。

我下楼回到自己房间，躺在我的床上，完全搞糊涂了。为什么我没有欢欣雀跃呢？我就快要十三岁了。从十岁起，我就一直在住院化疗；我几乎都不记得以前的生活是什么样子的了。再也不用化疗注射，不用见什么伍尔夫医生了，也不会再有呕吐。我感到恐惧，我也因为自己感到恐惧这件事而感到更加恐惧。这本身是件开心的事，为什么我会不开心呢？我这是怎么了？我明明不想再继续化疗，不是吗？是的，我知道我不想再继续化疗，但是，化疗结束后的生活，似乎又很难想象。房间里似乎都充满了我大大的疑惑。尽管我很难对自己承认这一点，但我其实很害怕化疗会结束，我害怕一切都会改变。我不会再那么特别；没有人会爱我。没有化疗这个舞台来展示和证明我自己，谁又会知道我值得被爱呢？但转而一想，我怎么可能会希望化疗一直继续下去呢？我躺在床上，脑海里一遍又一遍地思考着这些事情，比我一生中的任何时候都要更加困惑。

数算剩下的日子就变成了一种痴迷。距离最后一剂化疗注射还有三十八天。还有三十二天。还有十五天。三天十八小时。四十八小时十九分钟。三个小时。十六分钟。现在。我走进伍尔夫医生的就诊办公室，里面并没有任何不同或特别之处。今天外面有些灰暗，有了点凉意，但又没有那么冷。伍尔夫医生依旧如往常一样，还是在那儿不停地讲电话，同时朝着房间内五个不同的方向在说话。这是我第二次看脸盆里的注射器。一共有两支，其中一支装满了鲜红色的溶液，这个颜色是我喜欢的"酷爱牌"饮料[1]（Kool Aid）的颜色。我看着医生一一接上针头，看着他拿着它们漫不经心地在房间里走来走去，他还在讲电话，只不过又换了一个不同的人在聊天。接着，他放下电话，给我系好止血带，并用棉球擦了擦我的胳膊，空气里弥漫着医用酒精的味道。像往常一样，还是要刺好几下才能找到一根静脉，所幸的是，第三针便奏效了。

潮热袭来，接着便是熟悉的恶心感。但是，除了一个小时前他们给我的那颗氯丙嗪[2]（Thorazine）药丸，我什么都没有吐出来。

---

[1] "酷爱牌"饮料由卡夫公司出品，是一种以儿童为销售对象的速溶饮料，主要特点是价廉且能变颜色，也具有令孩子们非常喜欢的风味。
[2] 氯丙嗪（Chlorpromazine，简称CPZ），Thorazine是其常见的商标名，这是一种精神科药物，一般用于治疗精神分裂症等思觉失调。还可用于治疗躁郁症、多动症、恶心、呕吐、术前焦虑等等。

那颗药丸的功效是帮助呕吐的，但是每周，我都只是把它给吐出来。它又在那里了，呈半溶解状态，叮叮当当地跳进脸盆里。慢慢地，我发现自己没有哭。在过去的几个月时间里，我几乎都没怎么哭过，但这并不是说，我想哭的时候少了，而是我控制自己不哭的时候更多了。不哭已经成了我去化疗诊所时的一个目标。但是现在，我完全没有感觉了。我母亲夸我表现得真棒。我看着她，也看着她身后那扇美丽的窗户。我木然地转回头看了看我的胳膊，又看了看伍尔夫医生那双正在更换注射器的大手。还是没有任何感觉。我只感受到了一种茫然的虚无。就连平常的疼痛，好像也从我身边溜走了。它似乎更属于这个房间，而不是属于我，即使在那时，它也显得尴尬，就像一件笨拙的家具。

接着，一切就结束了。我母亲正在和伍尔夫医生说话。尽管他们就在我旁边，但我听不见他们说话的声音。我看着天花板。部分天花板正在剥落，右边刚好有一块水渍。有趣的是，我心想，这么长时间以来，我一直环顾着四周，却从未注意过这块天花板。究竟是我从来都没有看过它呢？还是我其实已经看过它几十遍，但直到现在，我才真正看见它了呢？和伍尔夫医生说完话后，母亲转过身朝我走来；接着，在扶我下化疗台之前，她也和我一样，顺着我凝视的目光看去，默默地抬头看了一会儿天花板。

母亲先去取车，我又被领进了汉娜的小隔间。"你感觉还好吗？"她问道。我号啕大哭了起来。一开始，还只是一点点小声的哭泣,但很快,我就抽泣起来,浑身都在颤抖。我想停下来不哭,但眼泪失控了,于是,我便让自己由着它去。汉娜弯下腰,将一只手臂放在我肩头约有一秒钟,只有这短短的一秒钟,然后,她收回手臂,并直起了身子。她在那儿站了一会儿,双手叠在一起,放在她的肚子前方,接着,她没有问我话,而是忙着在那里给我泡几年来她一直给我喝的茶。我哭得越来越大声了,透过啜泣声,我能听到电水壶中水的哗哗流动声和嘶嘶作响声。我的五脏六腑已经盛满悲伤——虽然我认为这似乎不太可能,但最后,我还是哭得更厉害了。

几分钟以后,汉娜把盛在马克杯里的茶递给我,茶杯上面的图片是自由女神像。我一边双手捧着热乎乎的马克杯,一边还是哭得很厉害,但现在,我意识到,我可不能把茶给洒了。因为哭的缘故,我的脑袋里嗡嗡直响。慢慢地,哭声开始停下来。突然之间,我感觉好累好累,但不是通常的那种疲惫,而是一种放松式的、悄无声息的疲惫。等母亲回来时,我已经不哭了,这倒不是因为我个人有所克制或是做了什么努力,而是因为,这波哭泣已经顺其自然地走完了它的旅程。我们跟汉娜道了别,然后就走出了医院。大街上的人们在冷风中低着头行路,似乎没人注意到这天与其他日子有什么不同,更没有人会关心这一点。

第八章　真与美

有一天，我正准备和苏茜一起出门，那时，我的头发长了整整三四英寸长。出门前的最后一刻，我转身跑回楼梯，向她喊道："等我一下，我去拿帽子。"

"露西，你不用再戴帽子了，你的头发长得很好，快点儿走吧。"她冲我喊道。我们快要迟到了，她话音中有些沮丧和不耐烦。

我在楼梯中间停顿了一会儿，想着她的话，还真的感到很惊讶。我用手指抚过头发，我不得不承认，她基本上说对了。虽然我的头发没有以前留的那么长，但我并不是秃头了。我和她一起跑了出去，跑进外面的世界中去，几年来，我还是第一次就这样不戴帽子出门。一阵温暖的微风吹开了我的头发，风儿抚摸着我的头发，就像爱抚一般。我们去了商店，人们还是像往常一样多看了我几眼，但是，没有一个人再叫我"光头"了。

第二天，我没戴帽子就去了学校，也没人再提起它了。我一直认为，我需要躲在我的帽子下面，难道是我错了吗？这一切都是我想错了吗？不过，人们仍然还是会盯着我看。虽然我已经不去午餐室吃饭了，但是每天在走廊里，我还是会受到很多无情的戏弄和嘲讽。女孩们从不取笑我，但从眼角余光中，我可以看到她们在盯着我看，而当我转向她们时，她们则很快地把目光移开，试图假装正在专注地看其他什么东西。在学校外面时，我发现也会有大人一直盯着我看。于是，我干脆在商店里和他们玩游戏，我会先摆好姿势，假装正在全神贯注地看某件商品，接着，我会很快转过头来，逮住他们盯着我的目光，而后，他们就会尴尬地移开他们的视线。我最害怕的是成群结队的男生，要是我看到一群看起来惹是生非的男生朝我走来，我会很乐意躲进一个没人的门廊。发现潜在的挑衅者也很容易：他们走路时一般都会大摇大摆，会以一种特定的招摇方式走路。

离开了熟悉且井然有序的医院生活后，我所感受到的如释重负——还带着些许遗憾——也并没有持续多久。化疗辐射对我的牙齿造成了很大的伤害，尤其是下牙，想要保住它们需要做大量的专门牙科护理。我本来天真地以为，我已经永远地和哥伦比亚大学长老会医院说拜拜了，但仅仅过了几个月后，我们不得不再次开启例行常规，每周会开车去那里一两次，进行为期两年的牙齿矫正治疗。牙科门诊在医院里一个完全不同的地方，尽管我们仍然会穿过从伍尔夫医生办公室里可以看到的那个庭院。医院的洗衣房就在附近某个地方，那里飘过来的气味总是让我有点反胃，因为我总是会把它和去伍尔夫医生办公室时要走的路联系在一起。

不过，离开学校也有好处。到现在为止，我非常讨厌上学，并且会不断地谎报我的健康状况，以便可以不去上学。不说别的，至少那样我就不必每天面对那些男生。幸运的是，我母亲在这点上相当好说话；回想起来，我也感到很奇怪，凭我的上学出勤记录，我竟然还能升入八年级。

整牙涉及各种流程，其中包括至少要做十几个根管治疗，这让我大部分时间都在痛苦中度过。医生给我开了可待因[1]（Codeine）。我们把可以再去补开的处方药瓶放在厨房的橱柜里，没过多久，我几乎就在不停地吃药，即使在我不痛的时候，我也在吃药。我期待着药物带来的那种愉快而又困倦的感觉。不管我对这个世界和我在其中的位置感觉有多么糟糕，只要服下几颗药丸，约莫三四十分钟之后，我都会感到安全和安心，甚至还相当快乐。但随着服药时间变长，那种令人愉快的药效越来越难以实现，每颗药丸似乎都不如之前那样能有效地缓解疼痛了，所以，我便开始服用越来越多的药丸。我知道自己服用的剂量超出了应有的剂量，高达正常剂量的四倍之多，因此，我会交替让我母亲和父亲各自

---

[1] 可待因是用于治疗轻度或中度疼痛的阿片类药物，用于镇痛，也是局部麻醉或全身麻醉时的辅助用药，具有镇静效果。

去重新配药，好使我的高药物消耗量能够不那么显眼。他们似乎也注意到药丸很快就会消失不见，但他们都以为是我的哥哥们在偷药吃。后来有一天，当我在掌心倒出不少于规定剂量六倍的药丸并被母亲发现时，这一切伎俩就戛然而止了。从那以后，我不得不凑合着服用阿司匹林。

每当牙医想修整我的槽牙时，我都无法张大嘴巴，这会造成很多问题。因此，他们决定让我住院，并在全身麻醉的情况下一次性完成这一系列的整牙工作。这个主意对我来说也很好。它不仅给我提供了更多可以不去学校的时间，而且，手术的主意似乎要比十分清醒地坐在那张可怕的牙医椅上强得多。

这是我的第五次手术，这个数目在当时看来似乎已经很多了。手术当天早上，一名医务助手很早就把我叫醒，并把一件手术服和一小瓶必妥碘杀菌液（Betadine）扔到我床上。我要用这种碘溶液清洗我的全身和头发，再穿上手术服，然后躺在床上等护士带着术前注射针来进行麻醉。这是最糟糕的部分。那种等待似乎漫无止境，我的脑子里充斥着各种关于疼痛之本质的无声对话。

我想，那些在学校公然取笑我的男生和在别处偷偷盯着我看的大人们，可能永远都无法承受这种痛苦，换作他们，他们肯定会崩溃的，一想到这儿，我就很开心。我全身紧绷，胃里面翻江倒海，但我坚信，只要我拒不承认这些事情，不把它们展示给别人看，那就意味着我真的很勇敢，而不是故作勇敢。每当我听到走廊上传来脚步声，实质可感的恐惧就会在我体内奔涌，而当脚步声经过我的房间远去时，一种如释重负感就会袭上我的心头。然而，这类虚惊一场只会加深我的恐惧，因为我知道，迟早还是会有人踏着脚步声走向我。

当那一刻终于到来时，一名实习护士紧紧抓住我的手，简直抓得太紧了，都把我手指头上的针孔给挤出了血，另外一名普通护士在我的大腿上注射了术前预备药物。颇为吊诡的是，打麻醉的那一刻，我的大腿又酸麻又刺痛，接着便让我松了一口气；每一种紧张都像秋天树上的叶子那样掉落并飘散而去。好几分钟过去了，注射药物带来的这种甜蜜而奇异的舒适安慰，让我精神振奋了起来，我感觉自己好像在房间里飘来飘去，最后，护理员终于来了，并让我下床、上到担架上去。我照办了，但我觉得自己好像在看着别人行动一样——女孩笨拙地在粗糙的床单上扭动，还害羞地试图将很短的手术服往下拉到她的腿上。

手术结束时，我记得自己把一些吞下去的血给吐了出来，我感觉非常虚弱。不过因为这一切都结束了，我还是欣慰地松了口气。在手术之后，经过专门培训的护士会每隔十分钟过来查看我一次。我昏昏沉沉的，无法感觉到发生了什么，但很享受被人关注的这种氛围，有冰凉的手放在我温热的手臂上，他们用轻柔的声音唤着我的名字，仿佛从远处传来，他们说话的口吻好像是在说，"我不会让任何坏事发生在你身上"。那种氛围让我觉得，在某种程度上而言，我是特别的，我也很重要。但之后，等我回到我原来的病房，我会连续好几个小时打瞌睡，然后再醒过来，每一次，我对自己孤身一人这件事都会比以往更加惊慌失措。我会编造一些借口呼叫护士，只是为了能够有人待在我的病房中。我开始希望手术还没有结束，我还在担架上躺着，身边围着一大群俯身看我的人。

后来，随着我经历越来越多的手术，甚至当我躺在自己家里的床上时，我也会心烦意乱，因为我特别讨厌自己的这张脸。我会通过想象我还躺在担架上来让自己入睡。我周围都是那些穿着令人心安的白大褂的陌生人，我几乎可以听到他们的动作，远处传来哔哔声，那其实是心跳声，还有呼吸机发出的滴滴的机械声，这意味着在附近某处，有人正在呼吸。

我从做手术中获得了一些情感上的抚慰，但这也并非没有一定的羞耻在里面：终归而言，做手术总是一件糟糕的事情，对吧？是不是我自己出了什么毛病，所以，我才会在被人这样照顾时感到如此安慰呢？这是不是说明我喜欢做手术，因而，我得做很多手术也是我自己活该？

在学校里，戏弄嘲讽只会变得越来越难以承受。不知何故，我推断，如果一件糟糕的事情发生的次数足够多，那么这件事情就会变得相对容易接受一点。这个理论在疼痛方面适用，那么，为什么它在戏弄嘲讽方面就不起作用呢？每次我被人取笑时（通常一天会发生好几次），我的痛苦似乎都在成倍增加。我很擅长充耳不闻，假装没有听见，但是，我能感觉到自己正在改变，变得更加恐惧。曾经，我是一个活泼外向的人——在适宜的情况下，我也仍是如此，但现在，结识新朋友时，我充满了恐惧。除了那一次我去找我的班主任抱怨外，我没有和任何人讨论过这个话题。此外，我想着，我还能怎么做呢？我很丑，所以别人才会取笑我；我觉得他们有权利这样做，因为我真的是太丑了，因而，我自己最好习惯这件事。但是，我根本做不到。无论我如何勇敢地做好准备，每当这些戏弄之词朝我砸来，我还是会感到刺痛。我尽我所能去了解事实真相，我也承认我很丑陋是个事实，以确保我能为此做好准备。人们也会告诉我所有老一套我已经知道的事情，但这些似乎都不管用。

一天下午，我去医院牙科做一些小手术。我有一颗槽牙必须拔掉，麻醉过后，我的牙齿被医生敲击了大约有十分钟。之后，我在康复中心等待母亲来接我回家。当她进来后，她从我嘴里扯出浸透了鲜血的纱布，惊得倒抽了一口凉气。在手术过程中，我有两颗下门牙也被部分敲掉了，只留下两个非常难看的牙残根。显然，没有人打算告诉我们手术会造成这种后遗症，而当我们还在医院时，我母亲偶然发现了这点。理所当然，母亲怒火中烧。不出所料，牙医的反应居高临下，于是，一场全面爆发的"战斗"接踵而至。而我坐在那里，感到有点头昏眼花，也有点困惑，但我仍然感到很愉快，沉浸在麻醉药逐渐减弱的嗡嗡声中。

回到家，我母亲还在生气，她转身对我说："如果你明天不想上学的话，可以不去。我知道，你大概对自己的牙齿看起来的样子不太满意。"我们直视着彼此的眼睛。刚刚发生了一些事情，但我不确定究竟是什么。我一直以来只想一个人待着，待在家里。我花了一番精力试图让她相信，我因为一些身体疾病而不得不待在家里，但那是我假装的。突然之间，我发现这根本不是我想要的。

我们从医院回来时特别晚，所以，猫咪们都没有吃晚餐，他们正在客厅里号叫着，母亲就站在我身边，并给了我……这算什么，是同情吗？现在，当我想起这件事时，我敢肯定，母亲之所以让我待在家里，是为了试图理解她本能地感知到的事情。但现在为时已晚。我已经放弃了那场战斗。在我看来，母亲的提议不啻是对我认为无可争辩的事实的一个铁证：我太丑了，没办法去上学。之后，我几乎就没怎么去上七年级了，但我还是和其他人一样升上了八年级。我的成绩平平，我之所以能及格，想必更多是因为学校方面的疏忽，而不是因为我学业成绩优秀。

我很享受那个无与伦比的夏天。我的朋友简和我都特别爱马，近乎痴迷到了荒谬的程度。在我们一起玩耍的所有时间里，我们都假装自己是匹马，在她家的院子里奔驰，跳过我们可以设置的任何路障。谁奔驰得更像，谁就能得到一条我们自制的蓝丝带，之后，我们会跪在她家的草坪上，看看彼此敢不敢真吃草。青草那奇特而熟悉的酸味塞满我们的嘴，把我们的门牙都染绿了。

那年夏天，简的父母帮她报了骑马课，我羡慕不已。我们家负担不起这笔费用。有时候，简会邀请我和她一起去。我会去，但我讨厌她跟我说这话时居高临下的口气。我去是因为马儿的存在，他们震撼了我，在几个小时骑马的过程中，那些马儿的存在让我浑身充满了一种力量感，它是如此强劲可感，如此完整无缺。我坐在篱笆旁看着简骑马时，什么也没有做，我只是害怕当下每一时刻的流逝，因为我知道，最终，我们必须回家去，而我能留下的只有手掌上会让我想起马儿们的美妙泥炭味。简开始跟我吹嘘说，她父母准备给她买一匹马，他们会在湖边的空地上为它建一间马厩，她还说，也许——只是也许——她会让我来帮她照顾马。我们花了很多个下午在为这匹马起名字，不过，根据我的品味，她取的一些名字都太多愁善感，也不太新颖，比如什么"美人"和"黑骏马"等等[1]。

简从未得到父母允诺给她的这匹马，但那年六月，在我过完

---

[1] 有本通俗儿童读物叫作《黑骏马》(*Black Beauty*)，这里常取的马名"Beauty"和"Black"本意即为"美马"和"黑马"，此处意译为"美人"和"黑骏马"。

十四岁生日后不久，我便得到了在戴蒙德·D马场担任马场助手的兼职。对我来说，那里简直是完美的环境。其他大部分助手都是比我要大几岁的女孩，还有两个男孩——肖恩和斯蒂芬。女孩们对我都很友好，她们最终也成为我的朋友，尽管我和她们在一起时从来没有感到过十足的自在。因为我们来自不同的世界。他们喧闹而狂野，我为此而爱他们。连我从自己那狂野的哥哥们的嘴里也从未听过的绰号，都会从他们每个人的嘴里蹦出来，此外，衣服上越是沾满了泥巴、变得脏兮兮，就越是一种光荣的乐趣。当我结束一天的打工回家时，我母亲总是叫我在车库里脱下脏衣服。我为自己浑身是泥且皮酸肉胀——这是由于干活而致，要努力举起成捆的干草，尽管我的工作效率并不高——而感到自豪。随着夏天一天天过去，我晒黑了，体重增加了，身体也一天比一天强壮。

我好喜欢的一点是，动物们只有一些最基本的需求，即使你累了、发烧了或迟到了，它们也必须有人喂食和喂水。吃喝的基本需求是首要，我从应对治疗的痛苦中也认识到了这种简单的道理，它摒弃了所有那些无关紧要的抱怨不满，揭示出了一个纯粹的身体的核心本质，一种不会超出身体范围之外的意义。临近喂食时间，马群中会爆发混乱，马厩里充斥着嘶鸣、踢打和尖叫声。而当我们拖水桶和拖干草的工作一结束，宁静便降临了。这份宁静中充满了马儿们的咀嚼声和轻柔的鼻息声，还有一种既古老又美好的松弛感。有时在深夜时分，我睡不着觉，我会打电话给马场，我知道那里没有人，但我会想象着电话铃声在满是马儿的马厩里回荡的场景。

我的这个新世界——及其身体上感到的愉悦和全新的社交体验——完全不为我的家人们所知，不管怎么说，他们似乎对此也并不太感兴趣，尽管他们也很高兴，我找到了一些"有益"的事情来打发时间。又快开学了，不过这次，我倒是很期待回去上学："爱马的狂热"在初中女生中很常见，我想，我在马厩的这份新工作也许会提高我在学校里的地位。马场中的每个人也都要为开学做准备，其中也包括珍妮，她是个特别喜欢聊男孩的人，并且，她暗恋肖恩。

开学之前一天，我们六个女孩一起坐在干草垛上。珍妮站在最高处，她指着我们一一发问："要是肖恩约你，你会跟他一起出去吗？"这群女孩在年龄和身体发育方面参差不齐，珍妮十六岁，是我们之中最大的一位。艾莉森和我都是十四岁，年龄最小。艾莉森看起来倒是还像十四岁，而我的身体仍然由于所有化疗的影响而弱不禁风，外表看起来大约只有十岁。此时，我距离青春期的到来还有一年。珍妮似乎在有条不紊地挨个问大家，但我想，她其实根本不会想要问我，对吗？肖恩永远不会约我出去的；这是一个十足荒谬的问题，我们所有人绝不可能没有同时认识到这个事实，此外，知道众人一致的这个想法，似乎比世界上任何事情都更加让我感觉糟糕。

最后,珍妮转向了我,也问了我这个问题,她大概只是出于礼貌才没有把我排除在外。我犹豫了,不知道该如何作答,但克里斯帮我回答了这个问题。"为什么肖恩会想要跟她约会呢?""好吧,我只是问问。"珍妮回答道。我在干草垛上不安地动了动,我很高兴克里斯替我说了话。就是在这一刻,我明确地知道了我永远都不会有男朋友,没有男生会在约会方面对我感兴趣。我本以为我已经从学校的男生那里了解到这一点,但我从来没有将这句话真正记在心上,没有用真实的话语将它说给我自己听。

因为我永远不会拥有爱情(这种认识,太过痛苦而无法细细琢磨,我因而迅速且最终果断地接受了它),所以,我让自己扮演着"爱情英雄"(Hero of Love)的角色。现在,我没办法借化疗这个舞台来证明自己的价值了,所以我要成为一名英雄,去好好了解存在于这个世界上的真正的美。我认为,正是我的丑陋才让我获得了通往这另一种美丽的认识路径。我的脸可能的确已经关闭了那类转瞬即逝的爱与美的大门,但是,我的脸难道不也让我敞开心扉去接受那些我可能会视而不见的各种感受吗?每天快要结束时,我躺在浴缸里,看着我那还没发育完全的孩童的身体。我思忖着,希望它发育成为女人的身体,其实是一项弱点,是对我选择的真理之路的偏离。每当我晚上躺在床上时,我思索着我的力量，我高度知觉的自我意识，我感觉到，好像不是我自己选择了这条路，而是有人为我选择好了这条道路。

这种美与那个爱慕男孩的短暂世界无关，这一点我很确定。在初中再次开学后，我更加深切地意识到了这一点，我看着我的孪生姐妹和她的朋友们开启了她们自己的青春期。她们涂上蓝色的眼影，头发都做了离子烫，在本地的购物中心打发没完没了的时间。究竟是什么造就了女人的美丽？我对此的看法要更倾向于古典的定义：如果我想要自己看起来像世界上其他的什么人，那要么是玛琳·黛德丽[1]（Marlene Dietrich），要么是波提切利画笔下的维纳斯（Botticelli's Venus）。我绝对不想让自己看起来像费拉·福赛特[2]（Farrah Fawcett），对于这一点，我更加确定。我看着我班上的那些女孩，她们有着漂亮的完美脸蛋，我想知道她们为什么会化那么浓艳的妆，做那么愚蠢的发型，这简直是糟蹋了她们的美丽。如果我能有一张那样的脸该多好啊，我这样告诉我自己——接着，我又会更加严厉地斥责自己，竟然会萌动这样的心思。我的脸就是我这张脸，所以，希望它变成其他任何样子都是愚蠢至极的。

---

[1] 玛琳·黛德丽（Marlene Dietrich，1901—1992），德国演员及歌手，是少数成功登陆美国好莱坞的德国人，代表作有《蓝天使》《碧血烟花》等。
[2] 费拉·福赛特（Farrah Fawcett，1947—2009），美国演员，主要作品有《太空仙女恋》《查理的天使》等。

在学校里，去年的那群男生似乎消失了，于是，我又可以自由地在午餐室吃饭了。但随后又冒出了一个新的小团体，他们每天都会在第四节和第五节课的课间时分追踪我，那时，我刚上完体育课，准备到校园的另一端去上英语课。当我走到英语教室附近的楼梯口时，他们几乎所有人早就在那儿等候多时，然后，他们就这样盯着我一个人爬楼梯。"一个人"是说，原本只有我自己一个人，直到这六个男孩的小团体发现他们每天都可以在这个楼梯口找到我，而后，他们便开始出现在那里等着我。他们的戏弄嘲讽最伤人，因为甚至都不是针对我，而是针对一个叫杰瑞的男孩。

"嘿，看呐，这就是杰瑞的女朋友。嘿，杰瑞，去啊，约你女朋友出去。"我听到杰瑞温顺地抗议着，但我知道，他和我一样，只能任凭他们摆布，而且我也知道，称我为他的女朋友，几乎是其他男孩对他最恶毒的侮辱。我甚至为杰瑞感到难过，虽然我从没见过他，因为我从来不会把自己的目光从地板上抬起来。这些蠢货，我心想，这些误入歧途的蠢货。马丁·路德·金（Martin Luther King）是我崇拜的一位英雄，他曾经说过："我不会让我的压迫者向我发号施令，我会用我自己的方式反抗。"这似乎是更真实、更深刻的事情。我想恨他们，但我又试图去原谅他们。我想，如果我能做到这一点，那么，他们造成的痛苦就会消失不见。尽管我真切地瞥见了仁慈（charity）和超越（transcendence）的含义，我的目标无非是成为圣徒；通常，在我每天与他们碰面之后，最终，我只会讨厌我自己。

马儿们仍然能真正抚慰我。当我在他们跟前时，其他一切就都不重要了。动物既是我照顾的生命，也是关照我的生命。马儿们不会臧否我的样貌。重要的是我如何对待他们，我的行为会如何影响他们。我喜欢在看不到任何人的时候站在他们身旁，将我的头靠在他们温暖的侧腹上，用一只手的手指抚摸他们皮毛上的螺旋纹，另一只手放在他们腹部柔软的皮肤上。一直以来，我都专注地聆听他们肚子里发出的平缓的声音，闻着他们从肺里散发出来的甜甜的气味，就像我正接收着从另一个世界传来的讯息那般聚精会神。

在这个学年期间，也就是在我十五岁生日前的几个月，我去见了康利医生，他是移除了我下巴的外科医生，要和我讨论重塑它的计划方案。我一直都知道，我们会做一些事情来"修复"我的脸，但直到那一刻，我都没能相信这会是真的。

在没有了化疗和整牙的威胁之后，待在医生的办公室里似乎是如此轻松简单的一件事。康利医生给我做检查时，会双手捧住我的头，抚摸着我的脸，这是我多年就医以来未曾有过的。直到那时，我才意识到，我对自己的脸变得如此敏感警惕。单纯放松下来并让他触摸我的脸无异于投降，这是我经历过的最接近信任他人的体验时刻。检查结束后,他坐了下来,用跟小孩说话的语气和我说话,这瞬间摧毁了、也奇怪地重建了我刚才感受到的对他的信任。

他解释说,脸部整形的最大障碍是我经历的所有放射性治疗。放射性治疗后的皮肤组织往往不能很好地接受移植物,并且会出现更高的再吸收率;即便移植物实际上没有被排斥,它也可能单纯会被我的身体"吸收回去"并缩小到什么都看不出来的地步。他提议进行一种需要使用"基座"(pedestals)的技术,这会需要进行多次手术。在第一次手术中,要在我的肚子上划两个平行的切口。这两个切口之间的皮肤将会被撕下来,并卷成管状,皮肤的两端仍然还要连接在我的肚子上,类似于一种把手:这就是基座。两个切口将沿着它的侧面被缝合在一起,就像一条接缝一样。六个星期以后,这个把手的一端将会从我的肚皮上被切下来,并贴合到我的手腕上,这样一来,我的手就会和我的肚皮被缝合在一起达六个星期。接着,那个还连在我肚皮上的管状皮肤的另一端,也会被切下来,并缝合到我的脸上,这样一来,我的手就会和我的脸连接在一起。再过六星期,我的手会被松开,而那个基座——或者如他们所说,那个皮瓣(flap)——会完全嵌入我缺失的下巴所造成的凹陷之中。这还只是搭建第一个基座的过程,整个整形过程需要做好几次基座,还要加上一些额外的手术,将所有组织修塑成可以识别的形状,总共大约需要十年时间。十年！我吓坏了。十年后，我就二十五岁了——那么长的时间，我都老了。我是否必须将我生命中接下来的十年投入一个接一个的手术中去呢？十年啊——我的上帝！

我感到心灰意冷、被压垮了。这一定表现了出来，因为康利医生开始解释说，我不应该担心自己的外貌，因为每个人的脸上都有他们自己不喜欢的地方。嗨，比如说，他自己在十几岁的时候就长过严重的粉刺，那让他感觉很糟糕。粉刺，他是认真的吗？我的问题怎么能与粉刺痤疮相提并论呢！不管我曾允许自己抱有过什么样的希望，在那一刻，它都立马破灭了。

几天后，我和父亲一起去图书馆时，我的绝望更深了。当父亲在楼下挑选小说时，我上楼到非虚构图书部，偷偷查阅关于整形外科方面的书籍。在一些巨大而过时的大册医学书本中间，我找到了做基座手术的照片。照片上的人看起来像怪物一样。他们自己的皮肤和肌肉被缝合到他们身体上其他支离破碎的部位，看起来就像是中世纪那些精妙的酷刑装置图示。最糟糕的地方在于，最终的手术结果，还是会让他们看起来和原来的样子一模一样——身上缝着怪异肉块的人。在我看来，许多被当作病例的人在手术后看起来更加糟糕了。我吓得几乎喘不过气来，只好坐下来，把头埋在两腿之间，直到我耳朵里嗡嗡的耳鸣声消失为止。这就是我将要经历的人生吗？我感到完全丧失了希望，特别地孤独，不会有任何被人爱上的机会了。我觉得自己就像是发现了什么惊天可怖的秘密似的，于是，我下楼去找父亲。

在我们一起开车回家的路上，他问我怎么了，但我无法告诉他实情。回到家后，我回到自己房间，在房里，我特别想哭，却连眼泪都麻木得流不出来。我僵硬地躺在自己的床上，看着一只蜘蛛在天花板上爬来爬去，就这样，一直躺到母亲叫我去吃晚饭为止。生平第一次，我希望自己干脆死掉算了。

然而，我的慰藉却以两种不可思议的方式出现了。我的第一份慰藉发生在几个月以后，大概到了八年级快要结束的时候，我在马厩认识了一个叫凯莉的女孩，这时，她不得不搬到另一个州生活。由于她无法带走她的马，一匹名叫"必赢斯温格"（Sure Swinger）的曾经的赛马，于是，她与我父母商量要将他送给我。我从来都不知道现实竟会转变得如此迅速、如此精彩和突如其来，以至于你都很想要低头看着自己脚上的两只鞋子，想摸摸看它们到底是不是真的。

我的第二份慰藉来自丹尼尔·贝克医生，他是康利医生的一位年轻同事。他和其他一些医生正在研究一种涉及显微外科手术的整形技术，用于移植带血管的游离皮瓣，这在当时是一个非常前沿的新领域。这种"最先进"的手术会涉及取出一大块软组织——它可能来自我的腹股沟，并要将包括静脉等在内的一整个组织缝合到我的下巴上。这不仅省去了烦琐的多阶段基座手术流程，而且，它更有可能会让移植物存活下来，因为新组织将会有它自己的血液供应。贝克医生解释说，最好再等一年左右，也许应该等到我满十六周岁，这样一来，我还可以先成长发育一段时间。我必须先做一个大手术，然后再做一些小手术来塑造移植物的形状，但贝克医生似乎认为，这将有很大可能帮我拥有"一个接近正常人的下颌线"。

我仍然能清晰地记起我父亲站在贝克医生办公室角落里的反应，听了他的话后，父亲满脸笑容。我从未向父亲提及我对自己这张脸的担忧和恐惧，在我的唯我主义（solipsism）观念中，我甚至从未想过父亲能感受到我的不幸。现在，那个环绕着他的喜悦光环，对我来说便是一种天启。他的喜悦让我感觉好多了，虽然我也想过，如果他对这次手术成功的可能性感到如此宽慰，那就说明，我的脸真的像我担心的那样特别糟糕。

也许，生活终究会好起来的。也许，这根本就不是我真实的面孔，而是某些来搅局的闯入者的面孔——某些丑陋的闯入者，而我的"真实"面孔，即我本来应该拥有的那副面孔，正在触手可及的某个地方。我开始想象我"原来的"那副面孔，那张没有任何偏离、没出任何差错的面孔。我相信，如果这一切都没有发生在我身上，那我会很美。我仔细地看着镜子，想象着自己的下半张脸被填满了，完全正常。我伸出手，捂住下巴和下颌线，嗯，是的，连我自己都能看出来，我脸上的其他部位真的很漂亮。

但是，一旦我将手拿开，下半张脸的丑陋就抵消掉了上半张脸的美丽，不过，现在这已经不那么重要了，因为一切都将被"修复好"。

要是我走在街上并确定没有人会对我说任何脏话，那会是种什么感受呢？我唯一的线索来自万圣节和冬天的时候，那时，我可以用围巾包裹住我的下半张脸，然后去和人们交谈，他们并不知道我的美丽是一个谎言，一个花招伎俩——在我摘下围巾的那一刻，它就会暴露无遗。要是能够在没有暴露威胁的情况下感受到那种自信——我怎么可能还会有更多的渴求呢？如果人们认为我很美——而我现在几乎都不敢去想象这样一件事，那他们甚至有可能爱上我。爱上作为一个个体、作为一个人的我。

很长时间以来，我一直在为自己的愿望寻找正当充足的理由，乃至我真的很困惑，在我的脸有望被修复好的前景中，这种突然而极其愉快的如释重负是否真的合理有效。长久以来我一直警惕和抗拒的爱情，会是对我的苦难的回报吗？我付出了很大的努力才最终接受，我的生命中将没有爱与美（love and beauty），这样安排是为了让我能遇见大爱与大美（Love and Beauty），并被其抚慰。我急切地想要抓牢"修复好"我的脸这个念头，这是否以某种方式使我所有这些年来的辛劳都付之一炬了呢？有人认为，幸福可以是一种选择，但我并不相信这种说法。

几个月以来，我适应了一种生活的例行常规，那感觉就像是，我在过着三种完全不同的生活。在学校的时光日复一日,在那里,我尽我所能地努力变得用功上进。我的优异学业将会化作我的铠甲,我正从中发展出了一种优等生情结,这种情结是我认真想要培育的,我想变成优等生同样也是一种防御性策略。在我的第二种生活中,我仍然每天生活在一种强烈的幻想之中,我别无选择,只有通过幻想世界,我才能喜欢和感激我现实中的生活,因为在前一种生活中,我的脸与踩到地雷或一场大屠杀相比根本微不足道。我的第三种生活发生在放学以后,以及一整个夏天中的每一天,那时,我都会去找我的马儿——"斯温格",我与他朝夕相伴、亲密无间,这丝毫不逊于一份浪漫的恋人关系。

我了解他的整个存在(his whole being)。他身上没有一处是我不能触及的,他个性中的任何一点我都知晓,至少和我了解我自己一样。当我们在树林里长途骑行时,我会告诉他我所知道的一切,然后,再跟他解释说为什么我如此爱他,为什么他如此特别,跟其他的马儿都不一样,我将会如何在他的余生中好好照顾他,永远不会离弃他,也不会让任何人来伤害他。骑行结束后,我会带他去空旷的田野中吃些嫩草。我会躺在他宽阔的光马背上,心想着,我就是世界上最幸运的女孩,他走向下一块青草地时,他的整个重心也会在我身下不停地变换。有时,我会带他去小溪边,他用蹄子拍打着水面时,我哈哈大笑,当他试着想要躺倒在水里时,我会兴高采烈地欢呼。最棒的是我碰巧发现他躺在马厩里的时候。为了让他不受到惊吓,我会小心翼翼地爬进去,躺在他庞大的身体上,他身上那巨大的动物热能和大口呼吸会缓慢地升起,淹没掉我自己那微不足道的热量和小小的似有若无的气息。

第九章　未知的世界

等学校再开学时，我九年级的英语课上开始阅读诗歌。我们第一个课程任务是阅读西奥多·罗特克[1]（Theodore Roethke）的《爸爸的华尔兹》[2]（My Papa's Waltz）。上课前一天的晚上，我认认真真地预习了这首诗，我从诗中爸爸的脏手的意象和男孩那令人眼花缭乱的困惑中识别出了一些既美丽又重要的东西，一些隐隐与我自己的家庭相关的东西。随着我渐渐地了解自己，我也意识到了语言的精确性；我知道，这首诗除了原本这个样子，不可能再以任何其他方式写就。这首诗对我的有力影响要归功于作者无懈可击的表达能力，他能够说出让人感觉如此正确且真实的话语。我想，我已经明白了美丽与神秘之间会有某种关联，但我还是第

---

[1] 西奥多·罗特克（Theodore Roethke, 1908—1963），美国诗人，是重要诗歌流派"深度意象主义"和"自白派"的先驱，曾获普利策诗歌奖（1954年）、美国国家图书奖等多项大奖，代表作有诗集《苏醒》（*The Waking*）等。
[2] 也译为《爸爸的舞曲》《爸爸的华尔兹舞》等。

一次了解到，神秘不仅是美丽的一种原因，它还是美丽的一种自然结果。我本想在第二天的课堂上说出这些读后心得，但我的老师却要求我们谈谈这个男孩是否爱他的爸爸。当我们围绕这些思路进行了约莫四十分钟的讨论后，我便知道，我对我父亲的爱似乎变得更加遥远，而且也被什么东西给阻隔了。

在我还小的时候，每当父亲深夜回家，他会在进门时向家里所有人大声打招呼，接着，萨拉和我，还有狗狗们，都会跑过去迎接他。随着年岁渐长，我们对这种仪式越来越没了兴趣，最后，只有狗狗们会爬起来迎接他，而萨拉和我则坐在电视机前心不在焉地和他打招呼。有一天晚上，我对未来某个时刻有了一种可怕的预感，等萨拉和我长大后搬出去，狗狗们也早已死去之后，父亲回到家上楼时，家里就只会空荡荡地回响着他自己的声音。我感到一阵奇怪的寒意，一种空洞而又难以说出口的凄凉，就好像我撞鬼了一样。从那天起，我决定要做出改变，我会在楼梯口顶端迎接父亲，即便我不是特别喜欢这么做。我是从未来我会离开他的生活这个视角来看待这件事的；但我从来都没有想过，父亲会早早就从我的生活中离开。

在那次预感之后七八个月，我第一次体验了面对死亡。在我得到斯温格仅仅四个月后，马儿的蹄子就发生了感染。吉恩是马场里为数不多的一位成年正式员工，我仔细地看着吉恩在斯温格的脖子上注射了处方青霉素。然后，我下楼去杂物间放一些东西。做完这些日常琐事后,我转身回到跑马场,吉恩正牵着斯温格。我正准备开个玩笑,比如说,"你牵着我的马儿在做什么呢?"接着,我就意识到大事不妙。斯温格摔倒了,他想爬起来,结果又一次摔倒了。最后,他终于再也无法起身了。

一群人聚集到一处,每个人都在大喊大叫,试图唤醒他,但他的四肢几乎都伸直了,并且还一直在颤抖,他的眼珠子转向了他的后脑勺方向。吉恩朝着我大喊,叫我跑去马棚里拿一条毯子。我狂奔而去,笨手笨脚地把毯子从架子上扯下来,拿着它跑回了跑马场,但当我走近时,我发现每个人都站在那里,也不再大喊大叫了。在我走到门口之前,吉恩就立在了那里。他用一只胳膊把门抵住,不让我进去。我看着他,丢掉了毯子,并开始放声大哭,与此同时,我奇怪地意识到这一切多么像夸张的情节剧,就好像我是从我看过的某部电影中记得这个场景似的。在这幕镜头下,吉恩强壮而多毛的手臂挡住了我的去路,每个人都静静地站在那里,斯温格巨大的黑色身体瘫倒在地上。虽然我从来都不怎么喜欢吉恩,但我还是接受了让他在我哭泣时抱住我。我闻到了他衣服上的汗味,我朝斯温格看去,看到他的尿液正缓慢地渗入浅色的尘土中。我曾经读到过,在死后,就会大小便失禁,现在,我知道这是真的了。

我无法鼓起勇气打电话给母亲,告诉她发生了什么事——我请别人帮我打电话通知母亲。一想到母亲会来接我,不知什么缘故，我被她可能会有的反应吓坏了：她会生气吗？她天生就具有同理心，但我还是无法摆脱这种羞耻感。等我们回到家，我一言不发地回到自己房间，在一阵悲伤的昏昏沉沉中看电视。最后，我听到父亲回家了，他像往常一样大声打着招呼，然后就踏着楼梯，走进了我房间楼上的厨房里。我能听到父母在我房间上方走动的脚步声，我知道母亲在告诉他这件事。我听到他走下楼梯，然后，悄悄地踏着通往我房间的那块厚厚的地毯。我感受到了刚刚和我母亲在一起时同样的羞耻感，那种感觉就像父亲曾经去医院看我时一样。父亲对我表示了慰问，并亲吻了我的耳朵，这让我又痒又烦，所以我推开了他，之后他就离开了。

我的哀痛是如此难以触及，以至于我根本不知道该如何应对它。也许斯温格之所以死了，就是因为我太爱他了，不然，还会有什么其他原因呢？若非如此，上帝为什么会让我的马儿那样死掉呢？我爱我的马，超过我爱这个世界上其他的一切生物——这一切之中也包括我自己。这还能有什么意义？我究竟应该从中吸取到什么教训？我都不在乎了。自从吉恩在门口拦住我的那一刻起，我就总是会不由自主地从某个无法追踪的距离之外去观察身边的一切事物。就算是在我感受到我能记得的最剧烈的疼痛时，我的处境中也总会有一种戏剧感悄悄地渗透进来，而且它就在那里，在我的私人观众面前，我再一次扮演了不幸而又倒霉的恋人角色。

几个月以来，我一直对斯温格的死感到悲痛欲绝，但最终，时间果真有它的治愈效果，渐渐地，我对将要得到另一匹马的愿景感到兴奋，这是我父母允诺给我的。我知道钱仍然是一个问题，这匹新马可能不会马上就出现，但我知道，我父母是不会食言的。然而，圣诞节过后的某一天，我母亲接到了父亲的上司打来的电话，他说父亲因为胃痛去了医院。我的第一反应是，这会打乱我得到新马的计划。我母亲也认为父亲只是患了疑病症，根本没什么大不了的毛病。也许是他的溃疡又犯了，他只是反应过度罢了。但到了第二天，他还在医院里——他们让他留下来做些检查——在这之后的第二天和第三天，父亲也都待在医院里。母亲开始每天去看望父亲，但我们其他人都留在家里，我们每天都以为，他第二天就可以出院了。

接着，几星期变成了几个月，我们每天都会收到一份关于我父亲健康状况的新报告。父亲得了胰腺炎，也没人提过他会不会好起来。三月底的一天，母亲回家后告诉我们，他们给父亲上氧气罩了。我的内心一阵战栗。我对医院的一切了如指掌，这只能证明是一件坏事。我父亲快要死了，尽管知道这一点原本就很糟糕，而我还以为，家里只有我一个人知道这件事，这就让情况变得更加糟糕了。我的家人不会公开讨论家里的事情。虽然我们一定都感到悲伤难过，但是，除了强忍悲痛、表现乐观之外，我们从来不谈论我的父亲。

就在我父亲住院之前,他购买了一套昂贵的手工定制西装,还加入了一个唱片俱乐部,于是,他们开始往我家里寄送贝多芬唱片全集。父亲一直引以为豪的那套时髦西装——因为价格昂贵,还成了我父母某次吵架的根源——挂在他的衣橱里,还没有穿过。每星期,一些新的精选唱片都会寄到家里,它们用塑料包裹着,我们把它们原封不动地堆放在客厅的留声机旁。

我父亲的卧室是个可怕的重灾区,里面堆满了乱七八糟的报纸、脏袜子、奇怪的杯子和偶尔能找到的一些餐叉。我走进去好好调查了一番,就像我年幼时、他上班不在家时所做的那样,但现在,我正在寻找一些别的东西。我也不知道具体是什么。以前,我想知道的事情是,我父亲是什么样的?何为男人?何为成年人?而现在,我想寻找一些可以向我透露我父亲的生活的东西。但我找不到。

回到客厅以后,我再也看不下去那些未打开过的唱片了。我撕掉塑料包装,一张又一张地播放着唱片,听了足足五六个小时。我想知道为什么父亲如此热爱贝多芬。最后,我躺在地毯上就睡着了;等母亲回家时,狗狗们开始狂吠,我这才被惊醒。我赶紧把唱片都收了起来。我也不知道自己这么做是为什么,但我不想让任何人知道我听了这些唱片。

在父亲住院的整个期间,我只去探望过他一次。即使过去了这么多年，我也不明白为什么我们之间会渐行渐远。是不是我们都在我们各自的悲伤之海中沉浮，乃至我们都说服了自己，保持这种疏离状态反而更好？他变得越来越糊涂了。母亲回家汇报说，他一直指着她戴的一枚别针，那是他在他们结婚前特意为她买的，父亲指着它，就好像他是第一次把它挑选出来时一样。他表现出偏执症状，不停地说着关于德国人和德国人放狗咬他的事情——在第二次世界大战期间，他成了一名战俘。他曾经是英国皇家空军（RAF）的一名飞行员，我们有一张他穿着防弹服的帅气照片。照片很模糊，照片上的他对着一个看不见的人在微笑，那个人的影子投射在他的脚边。我父亲生命中的那个阶段很容易被忘记，因为他从来不会谈起它。我记得有一次，他在房间里看《霍根的英雄》（*Hogan's Heroes*）。他感到很惊悚，居然会有喜剧以一个德国战俘营为背景。当时，我对他的战争经历一无所知，所以我告诉他，我认为是他自己反应过度。一想到现在，在他生命的尽头，他还在重温这场噩梦，就像他第一次经历它时那样孤独，我就感到很痛苦。在接下来的几个星期，我们一直都在等待。每当电话铃声响起，整个家中都安静了下来。

我很害怕接到那个不可避免的噩耗电话，主要是因为，我不想看到其他家人对它的反应。我知道萨拉肯定会崩溃大哭，但我不知道其他人会有什么反应。我隐隐希望父亲已经死了，这样就不会有人大惊小怪，不会有家庭问题的爆发，不会有刻意的表演。

我感到了恐惧。

最后，电话终于还是打来了。那是个下午，在我十六岁生日前大约六个星期。母亲正在厨房老远的另一头接电话，我哥哥尼古拉斯坐在餐桌的一端，萨拉则坐在另一端，我站在厨房门口。苏茜去上大学了，所以不在家，肖恩人在加利福尼亚州。萨拉、尼古拉斯和我一动不动地听着母亲接电话，她感谢医生所做的一切努力，等她挂上电话后，她以就事论事的口吻，平淡而悲伤地告诉了我们这件我们早已猜到的事情。令我惊讶的是，大哭的人并不是萨拉，而是尼古拉斯。他把头伏在桌子上恸哭起来，我当时想到的事情便是，我从没想过会是这样子，就像我没想到萨拉会如此平静地坐在那里一样。我转过头来，看着我身旁墙壁上挂着的绘画。那是肖恩画的基督头像，我已经路过这幅画像千百回了，但我感觉自己好像还是第一次看见它。我从来没有注意到肖恩在画荆棘冠冕时用了多少棕色，在画皮肤时又用了多少金色。一切都显得那么奇怪，那么遥远，我也想起了化疗最后一天，我是如何清楚地看见伍尔夫医生办公室里的天花板的。这种一切仿佛都是第一次看见的感觉，它是真实的吗？悲伤是否会增加视觉感受力，还是说这只是一种幻觉，一种能使我与正在发生的事情保持一定距离的方式？

父亲去世以后，除了悲伤以外，我还有一种如释重负感。至少，我们不需要再继续等待消息了。此外，我们还将会从保险公司获得一笔赔偿金，有望还清一些账单并能继续生活，这种生活前景带来的是一种充满内疚感的愉悦。在父亲葬礼之后的几天，我正坐在厨房里。也许，萨拉和我还处在惊惧当中，但那天，我们正因为一起听到的某个新笑话在歇斯底里地狂笑，就在我们笑个不停时，电话铃响了。是我的外科手术医生贝克打来的。听到他的声音我很震惊，因为他不亚于我生命中一位不朽的英雄，但当他向我表示哀悼和慰问时，我所做的就只是用轻松活泼的口气回复他，就好像他是在为踩到我的鞋子而跟我道歉一样，"哦，没事，没事的。"挂断电话后，我才意识到自己做了什么。但是，当我跟萨拉说了有关这个电话的内容时，我们俩又控制不住地大笑了起来。

那年六月，在我过完十六岁生日的几星期后，我便去了纽约大学医学中心进行脸部第一次修复手术——我的第一次微血管游离皮瓣手术。我很喜欢这家医院：它比哥伦比亚长老会医院更新、医务人员也更加充足，而且，我也不再会被安排到儿童病房了。我所在的病房专门负责接待做外科整形手术的病人，看到有那么多人在做隆鼻和面部提拉手术时，我感到很震惊。

我旁边床上的那个女人，在做完乳房切除术后进行了乳房重塑手术，她总是跟我说起她的伤疤和她对丑陋的个人感受。我没有耐心听她哀叹：她的脸很漂亮，而且，她还拥有一个给她送来十几朵大红玫瑰的丈夫。的确,她是缺少了一只乳房,但只要她还拥有其他重要的东西,我看不出这又有什么关系。走在街上时,没人能看出来她缺少一只乳房,也没人会取笑她或是觉得她丑陋,更何况还有人爱她。我听着她说话,也意识到她真的感到很痛苦,她对丑陋的感受吞噬了她,就像我对丑陋的感受吞噬着我一样,但我想,她还是搞错了,因为毫无疑问,她是美丽的。她的问题出在她的认知上。与她交谈只会让我更加坚信,在这个世界上,拥有一张漂亮的脸蛋是多么重要。尽管如此,我还是很喜欢她,我喜欢被另一个大人当作大人来对待。我们点了中餐外卖,我一直称之为"我的最后一餐"(my last meal)。"不,不,可别那么说。"她想让我放宽心。我好像就是没办法让她明白,我其实是在开玩笑;我可以看出来,她是新来这家医院的病人。

那天晚上,麻醉师来看我,他认为可能很难给我插管——将一根呼吸管插入我的气管——所以,他会在我醒着的时候进行插管。这听起来好像也没什么大不了的,我便没有多想。

然而,第二天早上,当我头晕目眩地躺在担架上时,我听到他们在谈论鼻插管。我立马担忧起来,这也很好理解。起初,他们尝试将一根管子从我的一个鼻孔插进去。这并不痛,但是,当它到达我的喉咙后部时,我感到窒息作呕。更糟糕的是,他们还不断地撬开我的嘴巴,想看看管子伸到了哪里。他们够不着它,所以他们便把它拔了出来,接着再试另一个鼻孔。直到那时,我才感到很沮丧，但我尽可能躺着不动。插那只鼻孔也不管用，所以，他们决定直接从我的嘴里插进去。这需要撬开我紧闭的牙关，并让它一直保持张开的状态，这疼得要命，但更糟糕的是，每次尝试插进管子时，我的呼吸道都会暂时阻塞，叫我无法呼吸，这让我陷入了一阵恐慌。术前麻醉药物让我的身体反应变得迟缓，也让我很难理解到底发生了什么。

我本能地开始挣扎，伸手想把他们快要让我窒息的手从我身上推开。当两名护士跑过来、摁住我时，我大哭了起来，也挣扎得更厉害了，但他们只是把我抱得更紧了，并且把管子推进了我的喉咙里。他们一定用了更多麻药想要我镇静下来，因为我的反应变得越来越迟钝，并且在担架的界限之外，所有的现实都不复存在了。我求他们停下来，但没有人理我。这最让我沮丧。没有一个人在意——哪怕是假装在意，于是，我哭得更大声了。

忽然间，所有人似乎都消失了，只有我在寂静中漂浮着，但我仍然在痛哭。我抬头一看，贝克医生正低头看着我。他伸出手放在我的额头上，就像在我做第一次手术时所感受到的那个手势一样。我顿时平静了下来，仿佛我所有的悲伤都集中在我额头的那个触点上。我记得，我好像拥有了一个超现实的视角并以此来观看我自己，就好像我是这个房间里的一名旁观者，看着他们让我戴上一顶小丑帽来束住我的头发，而透明的绿色管子正笨拙地从我嘴里拱出来，接着，我就没有了意识。

当我醒来时,我觉得特别痛,但疼痛集中在我的臀部,那里是移植物的来源,远离我的脸部——我的"自我",所以这种疼痛还比较容易应付。一想起我为什么要做这个手术,我就伸手去摸了摸我的脸。我感觉到在曾经有一个凹陷的地方,有一个很大的、温暖且非常柔软的肿块。我能感到一条复杂的缝合线的痕迹,我的耳朵附近有一个引流管。我转动头部,试图对着金属床的栏杆照出我自己的形象,但我只能瞥见一个类似什么东西的扭曲图像,我根本认不出来这是我自己的脸。母亲来看望我,她问我感觉如何,我却反问了她一个问题。

"我的脸看上去是什么样子?"

"嗯,亲爱的,还有点难说。现在肿得很厉害。"

"那你认为,它会好起来吗?"

"会的,医生肯定给它填满了。不过它现在肿得厉害,你必须要耐心等待。"

我不想等待。母亲走后,我让护士向我描述脸的样子。"你必须得明白,它肿得非常厉害,还有瘀伤。不过它会变好的。"我跟她要了一面镜子。坐起来太痛苦了,所以我就躺在床上,并把镜子举到我的脸的正上方,盯着一个我模模糊糊能认得出来的形象。"肿胀"还是太过轻描淡写了。我脸上的这个新东西很大一块,几乎快触碰到我的锁骨了。最让我反感的是一大块陌生的皮肤，明显比我面部的皮肤要苍白得多，它铺满了我新下颌线的下半部分。这块皮肤周围缝了几十小针，看起来完全像是一大块补丁。我脸上的其余部分看起来也很恐怖，苍白而浮肿，头发上全是干涸的血迹。我把镜子还给护士，感谢了她，然后便继续睡觉。

当我再次醒来时，我尽量不去想我的脸。我试图提醒自己，距离手术结束才只有几个小时而已，我不能仅凭镜子里看到的形象来判断手术的最终结果。还会有更多的手术来修复和塑形移植物，他们会去除多余的皮肤，这些皮肤是故意放在那里的，以便为所有的肿胀预留出空间，并且还能够对移植物进行监测。

接下来的几个小时至关重要，因为要让移植物保持良好的血液供应，这非常重要。每隔一个小时，就会有护士走进来摸我脸上那里，感受它的温度，然后再戳戳我，以测试毛细血管的反应。我看到那只手靠近我的脸，但我什么都感觉不到。我一点也不担心移植物是否会存活下来；我以为它肯定可以的。对我来说，更重要的事情是，我想知道这个手术是否从一开始就是一个可怕的错误？我知道不能期待手术效果完美，但我没有预料到它看起来竟会这么怪异。我干脆让脑袋宕机，尽量不去想这件事。当我还是不可避免地想到这件事时，我会将自己的想法投射到下一次手术上，指望下一场手术必定会解决这次手术中遗留的问题。

我把注意力转向了愈合恢复的过程。一开始，静静地躺着没什么问题，但现在，我的腿开始抽筋。为了缓解抽筋，我不得不动动我的双腿，这会让我身上的肌肉剧烈疼痛。我觉得自己仿佛置身于某个科幻电影中，在其中，人们被囚禁在奇异的、看不见的引力场中。与此同时，我其实真的不介意疼痛。疼痛，如果没别的什么意义的话，至少是诚实和开放的——你会确切地知道你在跟什么打交道。

过了术后的最初几个小时，我被带出了重症监护室，并被送往特别护理室，这在照护等级中要低一级。病房里还有另外三张病床。我正对面的那张床是空的。在它的隔壁，也即我的病床斜对角的那张床上，是一个小女孩，我从偷听到的人们的谈话中了解到，她得了脑瘤，就快要死了。亲戚们过来看她、给她送礼物，她打开礼物时面无表情、一脸茫然。当她说话时，她的话也令人难以理解。在发现没人能听懂她说的话后，她会变得很沮丧，还会大发脾气，把东西扔得满房间飞，有时会飞到我旁边的病床上去，那里躺着一个名叫迈克尔的十几岁男孩，他正在术后的康复中。

迈克尔对我说的第一句话，是关于我的袋鼠毛绒玩具的，这只袋鼠是我母亲给我买的，所有的护士都对着它一通称赞。迈克尔则冷冰冰地说，我的袋鼠篡夺了他的猴子的地位，而它原本是这个病房里最可爱的玩具。他的猴子就挂在他床头的栏杆上，离他一臂之远。我还不知道"篡夺"(usurped)这个词是什么意思，当我问他时，他大笑了起来。他只比我大一岁，但他看起来似乎过完了整个一生。

迈克尔会把手伸到悬挂在他床头上方的那根栏杆上，然后用他的双臂将自己吊起来。他上身没有穿睡衣，所以，当他的背部短暂地离开床单时，我可以看到他弯弯曲曲的肌肉，因为躺在床单上太久的缘故，他背部苍白的皮肤上出现了一道道红痕。他告诉我，他从一栋两层楼的建筑楼顶跳进了一个游泳池，摔伤了背部。

"你为什么要那么做呢？"

"我不知道。"他回答道，并抬头看着天花板。"是一个朋友家的游泳池。"过了一会儿，他又补充说道，就好像这句话能澄清整个情况似的。

每当他说话时，他听起来都有些厌烦、有些疏离。但在接下来的几天里，他和我聊了很多，我还觉得很荣幸，他竟然会跟我说话。如果他在学校，他会成为取笑我的男生中的一个吗？我偷偷瞥了他一眼，他有长长的波浪卷发，下巴和上唇之上还有些胡茬，我心想，会的，他很有可能会是其中的一员。然而在这里，我们并排躺在各自的病床上，我们都非常痛苦，而且我知道，在这里，他绝不会想要对我说任何刻薄的话。我隐隐地感到有些扬扬得意。来自那"另一个世界"的人，竟然来到了我的身边。

有一天晚上，迈克尔拒绝服用某种药物，于是，医生就此来与他争论。迈克尔一直都在与医生抗衡，他总是质疑他们，挑战他们的权威，并且拒绝做任何他不愿意做的事情。他与我截然相反，因为我仍然期待着被医生夸赞为一名"模范病人"（model patient）。当时正值半夜，病房的头顶主灯都关了。他病床上的布帘也拉下来了，我看到迈克尔和医生的影子投射在黄色的布帘上。迈克尔拒绝服用的药片是他胃部所需要的。医生解释说：当你长时间这样躺着时，你的消化液就不能正常运作，而这种药物可以帮你抵消那种情况。但迈克尔一直拒绝吃药，他提高了嗓音以示抗议。我真是一点也弄不明白，为什么他不干脆吃药完事呢？接着，莫名其妙地，他开始哭泣，并尖叫着赶医生走。医生离开后，我躺在那里，看着迈克尔的影子，我想知道我是否应该说点什么。

几分钟之后，一名护士来清空他的导尿袋。我知道他有一个导尿袋——我也有一个，但我从来没有想过它对一个男人会有什么用。护士没有把布帘拉好，当我朝那边看过去时，我第一次看到一个成年男性的阴茎，上面插着管子，管子将它向上推，看似勃起的状态。突然之间，我感到震惊，因为我第一次意识到，迈克尔在十七岁时就永久瘫痪了，而这一切只是因为他花了10秒钟完成了一个愚蠢的把戏。

我不由得将他的情况与我自己的病情进行了比较。我的生活与大多数人的生活都"截然不同"，但它本质上还是属于我自己的。我讨厌记忆中几天前自己的那张脸，而我对自己现在拥有的这张脸一无所知，我只知道我害怕它。但它的确存在，我只要看看它就能知道它是什么样子。迈克尔失去了一些他永远也无法找回来的东西；我的脸只不过是改变了形状而已，它注定还会拥有属于它的下一个形状。我不敢想我是不是真想要或者喜欢那个形状，但我突然意识到，拥有它终归是有意义的。

两天之后，我被转到了一间普通病房。当我被推走时，我答应迈克尔，我会再回来看望他的，但我再也没回去过。一旦我回到了到处都是隆鼻和做下巴整形手术的病房中，我又开始害怕起自己那张变形扭曲的脸，并把迈克尔和他的困境都抛在了脑后。现在，我可以一个人去卫生间了，每次打开门时，我都能看到映照在镜子中的我自己的脸在反向凝视着我。那张脸真的是我吗？我知道，它必须是眼下这样子，但它怎么可能与我以为的自己或是我想成为的那个人有关系呢？我认为，整个手术是失败的，所以，当医生们过来看望我并告诉我它愈合得有多好、看起来有多棒时，我的心整个沉了下去。我们说着两种互不相通的语言；如果这都能叫看起来很不错的话，那么，我所期待的看起来好看的样子，一定是个遥不可及的梦想。我为自己竟抱有这份期待或任何希望而感到愚蠢至极。

回到家后，我总是一遍又一遍地想起迈克尔。他有没有想象过自己重新站在那个楼顶上的场景？又或者，他还能不能记得当时的感受——那种不知道自己下一秒钟的命运会如何的感受？要是他没有想象过，那我替他想过了。我闭上眼睛，感受着楼顶的高度，看到我下方的游泳池闪烁着湛蓝的光，我曲起了双腿，感受着小腿上的紧张拉力，我弹跳了起来，迅疾往下坠，在这纵身一跃中，便从一个未知的世界坠入了另一个永远缀满遗憾的世界。

第十章 自我意识[1]的习惯

只有从医院回到家后，我才准许自己仔细观察我的这副新面孔。它仍然肿得很厉害（得好几个月才会消肿），此外，贯穿我整张脸的，还有一条细长的疤痕。在这个疤痕中间，是从我臀部取下来的、由苍白皮肤组成的孤岛。我把手放在肿胀和变色的部位，试着去想象等"好转"以后我的脸将会是什么样子。如果我能把脸的角度、手的角度和镜子的角度都调得恰到好处的话，那么，它看起来也还不错。

实际上，在我看来，我的脸比看起来还不错的程度还要好些，

---

[1] 原文这里的"self-concsiousness"稍区别于"自我意识"（self-awareness），它指的是"高度知觉的自我意识"或"高度的自我觉察"。在哲学和心理学中，自我意识本来指的是一种人对自己本我的感受，也可以解释为一个人是如何理解自己的性格、感受、动机和欲望，并做出相对应的行为的过程。需要注意的是，当"self-concsious"这个词做形容词时，除了"自觉""觉知""有自我意识的""自我认知"以外，还有偏负面的"自我意识过剩"的意思，同时也有"局促不安""忸怩""难为情"等意思，这一点在后文中也会有所体现。故在标题中，译者还是将"self-concsiousness"简单译为"自我意识"，但其内涵远不止于此。

它看起来很美。但是，这种美是一种寄居于未来——一种可能的未来——中的美。事实上，我讨厌自己的这张脸。我再次将自己的思绪深埋心田，这种对美的无端幻想变成了一种非常私人化的东西，变成了一种我羞于让其他任何人知道的渴望。它主要是一种寻求解脱和超越的幻想。我试图想象自己以后会变美，而我所能想到的场景，就是生活中没有孑然一身的永恒恐惧，自此以后再也没有那种被隔绝孤立的沉重负担，而这些东西，都是丑陋带给我的感受。

距离高中开学还有几个月时间。我每天都在秘密检查自己的脸，我想知道，在去新学校上学的第一天我会变成什么样子。我本来想在开学前进行第二次"完善"手术，但结果，我被告知至少还要再等上三个月才行，这真是一段看似庸碌无为又极其难熬的时光。要是在高中入学的第一天，我仍然还得像现在这样，顶着这张脸走进校园，那么一切手术还有什么意义呢？

眼下只有一个解决办法，就是别去管它了。我开始变得自命不凡。我挑选出俄罗斯作家们的皇皇巨著，诸如《安娜·卡列尼娜》《卡拉马佐夫兄弟》《死魂灵》等。我用小推车随身拉着它们。有时，我甚至还会真的去阅读它们。我读《无名的裘德》[1]，只是因为我很喜欢这个书名，我还会读其他一切听起来晦涩难懂、高深莫测的

---

[1] 19世纪英国作家哈代的代表作之一，哈代的代表作还有《苔丝》《还乡》等。

东西。我常常理解不了这些书中的细微差别，但它们都向我呈现了另外一个世界，在这个版本的世界中，至关重要的是荣誉、美德和追求真理。这些故事抚慰了我，但我也并没有忽视一点，也即，前面提及的这些品质主要都会归于男性。当然，女性也可能会贤惠有德，但对小说故事来说，她们的美貌更加重要。

开学第一天，我坐公交车去了学校，我走进陌生的年级教室[1]（homeroom），尽可能不惹人注意，以近乎隐身的状态度过了这一天的课堂时光。现在，我的头发已经齐肩长了，我低着头四处走动，深金色的头发遮住了我的半张脸。步入高中后，我决定不再寻求像社会地位这种无关紧要的东西，于是，我花了好几天时间，用一种恰到好处的超然之态来观察我的同龄人。我仍然是个局外人，就像我读过的许多小说中的主人公一样，而且，在这个局外人的角色中，我感到游刃有余、舒适自在。高中同学之间存在着各种钩心斗角和结交帮派小团体的戏剧化场景，毫无疑问，我对这些微妙之处有很多敏锐的观察和了解，甚至比当事人自己所能意识到的还要多。

在大多数情况下，我都一个人待着。高中生都成熟了不少，也很少有人会公然取笑我。但我还是勇敢地为戏弄嘲讽做好了准备。每当我看到有人看我时，我都会做好最坏的打算。通常，他

---

[1] 美式英语，指同年级学生定期集合、接受班主任或辅导员指导的教室。

们只是看向别处，不管怎样都没有表现出太大兴致。接着，正当我放松戒备、有所懈怠时，某个大嘴多舌的男生就会突兀地冒出来，自以为很有必要向他的朋友们指出我是多么丑陋。

有一天，在去上英语课时，我发现我的椅子上放着一本黑塞的《悉达多》，这是黑塞讲述的关于佛陀的故事。我对佛教中的一些概念，充其量只能说粗浅了解，但书中开篇的几页，立即让我回想起了我在那些基督教出版物中第一次读到有关恩典、尊严和光等内容的时刻，那些儿时被邮寄到我家的基督教出版物早已不再出现了。而今，我几乎都忘了自己曾对启蒙开悟苦苦追求过，曾经，我也想象着自己与伟大宗师的重要会面。如今，过去了这么长时间，我也失去了这么多东西，我认为，这是一个迹象——有人特意把这本书放在了我的椅子上。最终，我了悟到，有关欲望及其带来的一切痛苦并发症，都是我应该而且也能够摆脱掉的东西。

开学两个月后，我期待已久的脸部修复手术如约被安排上了。我开始关注即将到来的那个日子，并且相信，一旦我拥有了我本"应该"拥有的那副面孔，我的生活最终将会真正开始。从理智逻辑上来讲，我知道，这只是众多手术中的一个而已，但它肯定会昭示着希望，能够给我提供一点暗示，好让我知道所有这一切的结果最终将会是什么样的。

手术后的第二天,当我在康复中心醒来时,我抬头看到一位戴眼镜的护士正在俯身看我。我小心翼翼地在她反光的眼镜片中寻找着自己的身影。我看到了,我的头发乱糟糟的,脸色也很苍白,我有预感,我看起来还是和手术之前一模一样。我伸手摸了摸手术的缝合线。几个小时以后,当我恢复了体力,可以独自去卫生间时,我小心翼翼地迈向那扇门,鼓足勇气做好了照镜子的准备。我看起来就像是刚从严重的流感中康复一样,除此之外,我看起来还是和手术之前一模一样。那块苍白的皮肤不见了,但我的整张脸和以前也没什么不同。

我陷入了绝望,同时又为自己陷入绝望而懊恼自责;这种后果仍是因为我此前满怀期待的缘故。因此,我必须杜绝自己再抱有任何期待。毕竟,按照全球统一标准来看,我目前所拥有的生活还是相当不错的。"我有的吃,"我告诉自己,"我也有地方睡。"就算我这张脸是丑八怪,又如何呢?就算别人以此来评判我,又能怎么样呢?那是他们的问题,不是我的问题。但是,这种推理比在过去带给我的安慰更少,不过还是使我远离了最能伤到我的东西,我认为这也算是一个好迹象,它正表明,我越来越擅长使自己远离内心的欲望了。

回到学校时,我特意告诉自己,我的脸实际上是一种因祸得福的福报。的确,我讨厌自己的这张脸,并将它视为我被人排挤孤立的缘由,但我又将自己获得了某种心得体悟归功于这一切。

我自行研究了佛教的轮回转世说，佛教认为，灵魂会自行选择去过不同的生活，其使命就是为了能越来越多地了解灵魂自身，以便最终能够摆脱业力（karma）的循环。我诘问自己，为什么我的灵魂要选择过这样一种特别的生活呢？像我这样丑陋的一张脸，又有什么心得体验好叫我去学习的呢？在十六岁那一年，我认为，这一切都与欲望和爱有关。

多年以来，我对"这一切究竟是为了什么？"这个问题的看法发生了转变，但在当时，最重要的一点是，我认为，这件事之所以发生在我身上肯定是有其原因的。在化疗期间，我曾经认为，化疗是由于我受到了上天的惩罚，现在，我不再这么认为，我努力地把我的脸视作一个机遇，一个等待我去发现一些尚未被揭示的东西的机遇。也许，我的脸还是一份馈赠，它没准能导向领会和开悟。这么一来，一切都足够高尚了，我将"我的脸"等同于"丑陋"本身，我相信，若非如此，我将永远体会不到丑陋带给我的那种感受——我称其为"深不见底的悲伤"（the deep, bottomless grief）。然而，通过这么做，我则将自己与其他人隔绝得越来越远，因为我认为，他人从未体验过这种程度的深切悲伤。当然，这并不是说我不承认其他人也有他们自己的苦痛。我尽我所能地表现出同理心，因为我相信，同理心是一种"积极的"情感。但在实际生活中，我也是訾议和评判别人的审判官和刽子手，比如，我的那些同龄人让我感到厌恶，他们将精力全都投入像时尚、男友和八卦绯闻这样无足轻重的小事中，以此来逃避他们自身的恐惧。

在寻求启蒙开悟方面，我尽了自己最大的努力，但在大多数情况下，我最后都觉得非常糟糕，就像我曾经玩躲避球游戏时的结局一样。不管我有多么想接住那个球，我终究还是会错失它。尽管我很想去爱学校里的每一个人，但是，当有人叫我丑八怪时，我还是恨不得能上天遁地，神秘地从他们眼前消失，我被这类琐碎的欲望和私密的、邪恶的仇恨所困扰和折磨。

我讨厌管弦乐队课堂上的丹尼，因为我喜欢上了他，我知道，他永远都不会喜欢我。最让我害怕的情绪是愤怒，我按捺住它的每一次隐隐骚动。每当我感到怨恨，或是有任何其他"消极不好的"想法时，我都会用那类老生常谈的灵性修养来将其一一扫除。可我越是想否定自己的情感，它们就越是会汹涌地向我袭来。我在暗恋着丹尼的同时，也对他心生怨恨，不仅如此，我也讨厌凯瑟琳，她是丹尼在管弦乐队中暗恋的女孩。为了压抑那类情感，我发现自己最讨厌的莫过于看到凯瑟琳在拉大提琴，这尤其是因为，她琴还拉得特别好。这个死循环最终还是回到了我自己这里，以我作结：我变得讨厌我自己，因为我竟然存有这种荒谬的想法——像丹尼这样的人会喜欢我。

我并不嫉妒丹尼对凯瑟琳的暗恋情愫。她既漂亮又有才华，他怎么会不喜欢她呢？我永远都没办法让任何人以他对她的那种方式喜欢上我，所以，我从一开始就绝对不能渴望这类事情。这样看来，我倒是得感谢我的这张脸，它"帮"我看到了世俗欲望的谬误。但这种复杂的感激之情，通常只会持续五分钟左右，接着，它就会再次让位于失落与沮丧，简单而明了。

在收到我父亲的保险赔偿金时，我们家还不知道我们所欠的款项累积下来有多少，但我母亲还是慷慨地信守了她的诺言，给我买了一匹马。她注册下的名字甚至比"必赢斯温格"还要傻冒，就叫"母马"（Mare）[1]，所以我干脆也这么叫她。我把她留在了斯诺凯普（Snowcap）马场，这处马场要比戴蒙德·D马场更加专业，也经营维护得更好。于是，我也在那儿开始认真地学习骑马。我爱上了"母马"，就像我当初爱上斯温格一样，但是，我又一次倒霉了。在我拥有她还没多久之后，她就在田野放牧时摔断了腿。当她一瘸一拐悲惨兮兮地走上拖车、等着被人拉走时，人们告诉我，他们会把她当作繁育母马来卖，但我知道，她太老了，是根本不可能做繁育母马的，很快，她就会被放倒并处死。我的心又一次伤透了，但这一次，我以更加自怜的（self-pitying）眼光来看待这件事。我告诉自己，我所爱的一切都注定要逝去，即使我

---

[1] Mare，即"母马"，这个词也可指"引起梦魇的魔鬼"，如"Money makes the mare go."（有钱能使鬼推磨），但除这条俗语外，这层意思已不多用。

已经意识到，我自己生活中的这出情景剧过于夸张了，就像我在医院地板上差点崩溃那晚的感受一样，但我还是在这个浪漫的悲剧角色中得到了一丝奇怪的安慰。

幸运的是，斯诺凯普马场的主人准许我作为他们的练习骑手继续在马场里工作。这正是我求之不得的事情。这样一来，我不仅可以免费骑马——有时，我一天可以骑上多达六匹马，在这个过程中，我获得了很多骑马的经验——而且，这也让我的生活有了一个可以围着转的主心骨。我忍受一整天的学校生活，同时知道，放学之后我就会直奔马场，一直在那儿待到晚上八九点钟左右。马场是我觉得可以轻松舒心做自己的地方，我很享受骑马时生理上的肢体感受，表演我所擅长的骑马动作也让我很有成就感。要是能够待在马场，我就尽量不会待在家中。

十年级[1]时，为了塑形游离皮瓣，我又做了一次手术，但其结果对我来说还是跟上回一样，改变微不足道，几乎看不出来效果。接下来的那个夏天，我每天都和马儿们待在一起。有一天，天气太热，根本无法做什么事，我便和马场里的一些人一起搭车出去

---

[1] 美国的义务教育施行的是 K-12 学制，从幼稚园（K）到 12 年级。一般采用 6、3、4 教育学制，即小学 6 年（幼稚园到五年级）、初中 3 年（六年级到八年级）、高中 4 年（九年级到十二年级，相当于国内的初三到高三）。美国中小学教育属于地方分权，学制在各州并不完全一致，各学区可以自行制定各级学校的学制。如有些学区就采取 7、3、3 的学制，因此实际情形各地不同。本书作者可能适用 7、3、3 学制，这里的十年级相当于国内的高一。

办个小差事。在主干道上，我们遇到了交通堵塞，当我们以蜗牛般的速度缓慢前行时，我看着车窗外，迷失在自己的幻想世界中。一家面包店的店面引起了我的注意，它前门的角度设置得非常奇怪，让我想起了一些我无法确切记起来的事情。接着，我猛然想起，大约在十年或十二年前，我和父亲曾经一起来过这个小镇。他喜欢在星期天时出去兜风并探索这片区域，萨拉和我也喜欢陪着他一起出门。我们会站在汽车后座上和他一起唱歌，都是一些出自他遥远童年时代的老歌，它们对父亲来说是如此熟悉、如此亲切，以至于父亲在唱歌时，我们俩都可以从他的歌声中听出那种奇特而悲伤的欢喜。自从我父亲去世以后，我还是第一次出乎意料地意识到自己竟然这么想念他。

我去医院看望过父亲一次，那次，我必须得在外面走廊上短暂等待一会儿。那里的气味和声音都是如此熟悉——甜腻的消毒剂和地板上的蜡味，背景中还总有煮过头的食物的味道，病人们推着输液架走动时，输液瓶会在金属架子上发出清脆的叮当声。然而这次，我只是来探望，只是路过这里。我感到孑然一身，没有什么目的，身份不明，也不确定该如何行动。现在，在父亲去世一年多之后，我又一次不知道该如何行动。我不想忽视这份悲伤，甚至不想去克服它，因为没有悲伤就意味着我没有爱过父亲。在我的马儿死去时，我甚至都连续哭了好几天。那种失去是纯粹而简单明了的。但爱马是一回事，爱我父亲则完全是另一回事。

突然之间，我终于发现自己被一种渴望裹挟着，我多么渴望父亲还活着。

我开始想象父亲在医院里探望我时站在我身旁的场景。我竭尽全力去想象，我想听到医院里嘈杂的背景声，感受到发僵的硬床单，听到我父亲走近时的脚步声、他站在我身旁时衣服摩挲着发出的沙沙声，以及他为了看我是否醒着而故意弄出的咳嗽声。我想象自己非常缓慢、小心翼翼地睁开眼睛，想要看到他，就站在我病床的旁边。我最终所能想象出来的，只有一些最为模糊的轮廓，一个转瞬即逝的细节，而那似乎只会掩盖他的其余部分：他的手表合宜得体地戴在他的手腕上，他习惯性地用一根手指摸了摸他的耳垂。

我一有时间就照镜子，我本以为知道自己长什么样。但是，当我再次看到我的脸时，它还是令我震惊。在那年夏末的一个午后，我和母亲一起去商店，准备买一件新衬衫，我在试衣间那刺眼的荧光灯下看到了我的这张脸。在我准备把新衬衫套在头上时，我瞥见了镜子里自己的这个形象，正像我平时照镜子看自己的脸时那样，左右颠倒，而反方向的镜子里，也映射出我正在照的这面镜子里的整个映像。我一动不动地站在那里，衬衫只穿上一半，我的皮肤在灯光下显得格外苍白，我看到自己的脸是那么地不对称。那究竟是怎么发生的呢？我走到镜子前，伸手摸了摸右侧的脸，在一年前刚移植过的地方，我清楚地看到大部分的移植物已经消失不见、化为乌有。看到这一幕时，我感到心烦意乱，更让我心烦意乱的是，我居然过了这么长时间才注意到这一点。我的眼睛一直在偷偷地跟我作对，它们继续盯着镜子，似乎在弥补和调整镜子里重新浮现的脸部的不对称。将我的镜像左右颠倒过来，便是我的真实形象，它就是别人所看到的我的样子。

我觉得自己是个大傻瓜。我一直秘密地认为，手术所承诺的是美丽，我也一直带着这个念头四处走动，而眼前这一幕才是现实。几星期以后，当我见到贝克医生时，我非常想问他究竟出了什么问题，但我发现自己根本开不了口。此外，我知道移植物已经被我的身体重新吸收了——医生提前告诉过我，这种事有可能会发生。他说要等几年再尝试其他一些大手术，等我长大一些再说。我们聊了聊一系列的小手术，这些手术将针对已经存在在我脸上的东西进行几番调整修复，但我们只大致地谈到了其他一些新的移植手术——它们会将更多的软组织或骨头放在我脸上适当的位置。坐在医生那装修奢华的办公室里，我感到万分泄气。我意识到我将不得不改变自己的梦想和期望，但说起来容易做起来难，我还不知道要用什么东西来代替这些梦想和期望。

然而，在商店试衣间镜子前的意外发现，成了我人生中的一个转折点。我开始在不可预料的时间里，遭受势不可挡的羞耻感的侵袭。第一次羞耻感的侵袭发生在我和汉斯讲话时，他是我在马场兼职时的上司。他跟我说，他特别想让我骑某一匹马。他说话的时候，我看着他的眼睛，他也直视着我的眼睛。接着，我不知从哪里冒出来一股强烈的羞耻感，我觉得他不应该盯着我看，因为我的长相太可怕了不能被直视，我也不值得被别人看，我的丑陋就等同于我个人的巨大失败。我的思绪翻腾、不断退缩，绝望地想要找到办法来摆脱这种困境。我采取了我所知道的自己最擅长的唯一行动：表现得若无其事。我稳住自己，进行深呼吸，一直看着他的眼睛，并下定决心，绝不让他知道我内心在想些什么。

那年夏天，我开始在本地的教育展示节目中为汉斯表演骑马。在练习时，我总是会戴一顶头盔，我的头发松散地垂落在头盔下面，但按照表演礼仪的要求，在表演期间，我不能披头散发，而是得将头发整齐地扎在头盔下面。我将这个要求推迟到表演的最后一分钟，并试图在我伸手去拿橡皮筋和发网扎头发时表现得自然而随意。迄今为止，这个扎起头发并露出我的脸的简单动作，是我不得不去做的最艰难的一件事情，比我在面对手术时还要艰难，就像我在化疗时面对伍尔夫医生那般艰难。要是能让我的头发披散下来，我甚至很乐意经受任何程度的身体疼痛。在演出场地上，从来没有人据此对我发表过评论，当然也没人会取笑我，但我还是觉得羞耻到了无以复加的地步。但截至那时，我还是完全有能力自己默默承受这一切。

自我意识的习惯（habits of self-consciousness），也即，我总是低着头，把我的脸藏在我的头发或手的后面，这些忸怩局促的动作早已习惯成自然，以至于我现在都注意不到它们。我母亲倒是向我指出了这些习惯性动作，并希望我能改掉它们，她告诉我，这些习惯只会让别人更加关注我的脸。她还不如干脆告诉我，叫我改变眼睛的颜色呢。

我幻想着我的面部修复手术能取得突破性进展，我幻想自己中了头等彩票并购置了属于我自己的私人岛屿，我幻想着自己被外太空的外星人劫持绑架，他们会帮我修复好面部并放我回到惊愕不已的公众面前。与此同时，在我的幻想世界中，仍然有着某些英雄主义的壮举等着我去执行，例如，有整车的婴儿亟待我去拯救，此外，至少会有一个——肯定至少会有这么一个——智慧的年长男性，他会在报纸上读到我的英雄主义壮举，因此而爱上我的内在美，并带我远走高飞，从而让我摆脱在斯普林谷高中（Spring Valley High School）里的那类存在之烦恼（the annoyance of existence）。

在十一年级和十二年级期间，我做了几次小手术。医院是整个地球上唯一一处让我不会有强烈的自我意识、不会感到局促不安的地方。我的脸是我的战斗伤疤，是我的荣誉徽章。外科整形病房中的人讨厌他们华丽的鹰钩鼻、他们睿智的脸部线条、他们精致的薄嘴唇。总体而言，按照社会上的定义，美丽似乎只关乎谁看起来最像其他的什么人。如果我能拥有自己原来的那张脸，一张没有损坏的脸，我就会懂得该如何欣赏它，懂得如何去欣赏它自身的美。然而，每次在我被推去手术室的路上，当我被麻醉得没有丝毫痛苦时，我都会在心里默想：现在，终于，只要我能从这次手术中醒过来，我就可以重新开始我的生活了。而每次术后醒来，无论我在照镜子时有多么绝望，我还是会将幸福推迟到下一次手术时。我知道，总是还会安排另外一场手术，那是另外一次能让我的生活最终得以重新开始的机会。

在我一而再再而三地失望过后，我也经常责备自己，因为我总是期望自己能够变得足够漂亮、足够美好，或者能完全值得别人的爱，就更不用说值得我自己的爱了。如果没有一个人会爱上我的这张脸，谁又会在乎我是否爱自己的脸呢？毕竟，如果不是为了吸引男人和情人的目光，美丽又有何用？当我走在街道或走廊上，有时候，会有男人从远处朝我吹口哨，叫我"宝贝"，大喊大叫地问我叫什么名字。我很瘦，身材很好，还有一头长长的金发，当我花费心思好好梳头时，头发会很漂亮。走路时，我会尽可能快速地低着头走过，但他们有时候会追上来，或者我会被迫要从他们身旁经过。而当他们看到我的脸时，打情骂俏的评论就会戛然而止，他们突然的沉默，不啻是有力且更具毁灭性的诅咒。

生活总的来说是残酷的，它只会带来不同类型的空虚和混乱。我推想，要容忍它，并且有希望摆脱它的唯一方法，就是要了解我自己的优势力量，通过生存下去来对抗生活。坐在数学课堂上听课时，我会心猿意马地环顾四周，试着评判在我的同学中间有谁能够经受住这种创伤？我敢肯定，他们没有人能经受得住。我已经读过大量关于犹太人大屠杀（the Holocaust）的书籍，而现在，在社会学研究的课上，我们正在阅读埃利·维瑟尔[1]（Elie Wiesel）和普里莫·莱维[2]（Primo Levi）的作品，它们都是以第一人称写作的自传体叙述。我被他们的作品深深打动，越是吸收他们在书中所传达的信息，我的日常生活就越是呈现出一种超现实的质地。现在，一切，一切似乎都很重要。盐、花生酱和西红柿的滋味，汽车尾气的味道，几乎从没打开过的窗户中现出的一方小小的雪脊。我认为，这就是活在此时此地、重新看见（resee）这个世界的方式，也即，要不断去想象一个更加糟糕的现实。在这些时刻面前，我所经历的生活似乎就无关紧要，而且也不错综复杂了。有时候，我真的可以在我的私人感官世界中寻到慰藉的避难所，

---

[1] 埃利·维瑟尔（Elie Wiesel，1928—2016），作家、教师、活跃政治家、诺贝尔和平奖得主，也是犹太人大屠杀的一位幸存者。维瑟尔出生于锡盖特的特兰西瓦尼亚镇，十五岁时全家一起被监押到奥斯威辛集中营，其代表作是《夜》，根据他和家人在纳粹集中营中的遭遇而写就。

[2] 普里莫·莱维（Primo Levi，1919—1987），犹太裔意大利化学家、小说家，也是奥斯威辛集中营的幸存者，代表作有《被淹没与被拯救的》《这是不是个人》《若非此时，何时？》等。

但同样，我也经常不诚实地故作一种轻松姿态，将它当作武器来对付我所嫉妒和恐惧的人们，把它当作一种和他们对比而生出来的优越感，以此来远离他们、保护自己。

在结束犹太人大屠杀的课程内容后，我的社会学研究课程转向了艺术史研究。有一天，我上课迟到了，我发现教室里没开灯。原来我的老师正准备放映幻灯片。贾科梅蒂[1]（Giacometti）的各种雕塑在教室墙上闪现出来，雕塑人物那细长的胳膊既指向世界、好像又远离这个世界，而他们细细的大长腿使他们看起来高大优雅，但也很脆弱无力。接下来的幻灯片，是德·基里科[2]（de Chirico）的画作，在画作中，看得见的小径上有那些看不见的人径直投下的影子。我曾看过蒙克[3]（Munch）的《呐喊》（The Scream），并将它与我自己偶尔想发出一声嚎叫的愿望联系到一处，但只有在那一刻，坐在那间黑暗的教室里，我才突然明白，这个人物可能不是自己在尖叫，他惊恐地张大了嘴巴，其实是在保护他的耳朵免于听到别的什么人或什么东西发出来的响亮而巨

---

1 阿尔贝托·贾科梅蒂（Alberto Giacometti，1901—1966），瑞士存在主义雕塑大师、画家。代表作有《超现实表》《笼》《鼻子》等。
2 乔治·德·基里科（Giorgio de Chirico，1888—1978），出生于希腊的意大利画家，形而上学画派的创始人之一。
3 爱德华·蒙克（Edvard Munch, 1863—1944），挪威表现主义画家、版画复制匠，现代表现主义绘画的先驱，其绘画带有强烈的主观性和悲伤压抑的情调。其主要作品有《呐喊》《生命之舞》《卡尔约翰街的夜晚》等。

大的哀号。马蒂斯[1]（Matisse）的画作似乎讲述的是，用美的方式来看待这个世界是多么简单的事情。毕加索（Picasso）的作品则好像在说，美是多么复杂、多么困难的一件事。

我们在英语课上读的诗歌也对我产生了类似的影响。我的阅读品味并不总是高雅繁复，但我确实读过济慈[2]（Keats）、艾米莉·狄金森[3]（Emily Dickinson）和华莱士·史蒂文斯[4]（Wallace Stevens）的诗歌，这些诗歌都以我当时无法理解的方式触动了我。部分而言，正是彼时的我缺乏理解，才让它们显得格外动人。我读着济慈的《夜莺颂》（Ode to a Nightingale），觉得这首诗里表达出了一些重大且必要的信息，但是，当我试图寻字摘句、条分缕析地来剖析诗篇时，它的意义便消隐了。

---

[1] 亨利·马蒂斯（Henri Matisse，1869—1954），法国著名画家、雕塑家、版画家，野兽派创始人和主要代表人物，代表作有《奢华、宁静与愉快》《生活的欢乐》《开着的窗户》等。
[2] 约翰·济慈（John Keats，1795—1821），英国诗人，与拜伦、雪莱并称为浪漫主义第二代诗人，代表作有《秋颂》《夜莺颂》《希腊古瓮颂》等。
[3] 艾米莉·狄金森（Emily Dickinson，1830—1886），19世纪美国的一位天才传奇女诗人，其诗风凝练、比喻尖新，常常置格律与语法于不顾。狄金森生于新英格兰地区的传统律师家庭，生前只发表过约10首诗，常年隐居，近乎默默无闻，死后近70年，其诗作才开始得到文学界的认真关注，并被现代派诗人追认为先驱，与其同时代的诗人惠特曼一样，狄金森也被后人奉为美国最伟大的诗人之一。
[4] 华莱士·史蒂文斯（Wallace Stevens，1879—1955），美国现代主义诗人，出生于美国宾夕法尼亚州的雷丁市，大学时就读于哈佛，后在纽约法学院获法律学位，于1955年获得普利策诗歌奖，代表作有《冰淇淋皇帝》。

高中毕业那年，我申请了莎拉·劳伦斯学院[1]（Sarah Lawrence College）并最终被录取，我还获得了大学提供的一笔丰厚的奖学金。因为我不确定在接下来的人生中要干些什么，所以，我决定要为上医学院而努力。转眼就到了毕业班拍摄毕业纪念册（senior class yearbook）的那一天，我故意旷课、没去学校，并把随后学校寄来的所有通知信都给扔掉了，它们是为了提醒我，除非我去参加补拍，否则，我的照片将不会出现在大家的毕业纪念册上。

---

1 莎拉劳伦斯学院（Sarah Lawrence College），是美国一所建校于1926年的私立文理学院，起初是一所女子学院，旨在为女性提供人文和艺术方面的教育，后于1969年开始实行男女同校教育。学校曾拒绝普林斯顿大学合并的请求。校友包括美国当代女诗人、荣获2020年度诺贝尔文学奖的露易丝·格丽克（Louise Glück）。

第十一章　炫酷

大学一年级时，有些人会在外表上经历天翻地覆的变化。这在莎拉·劳伦斯学院就更加如此，学校每年的注册学生数只有八百人，而且，学校课程计划明显侧重于博雅式的人文教育。学校离斯普林谷只有一小时车程，所以，母亲开车送我去了大学。她帮我把行李箱搬进宿舍，说了声再见，便开车走了。宿舍窗外正对着一个停车场，我能听到某辆车上在高声播放着"赫尔曼隐士们"（Herman's Hermits）乐队的一首歌——"有些事告诉我，我正在迎来一些好事。"我把它当作一个好兆头。在这之前有好几天，我一直感到精神不振，但突然之间，我觉得自己有了归属感。这是一种不同寻常的、奇怪的感受。

大学所在的莎拉·劳伦斯是纽约市下东区的一个卫星城。这里的学生多半有两种类型，一类人总是穿着一身黑，或者顶着表明他们频繁理发的怪异发型，而另一类学生，则以令人艳羡的优雅格调穿着具有异国情调却破破烂烂的衣裳，他们看起来就像是在泰坦尼克号（Titanic）上参加了新年前夜派对后被冲上岸一样。这里的每个人都养成了一种局外人的气质，不说别的，这简直是酷毙了。一派天真烂漫，我一下子就爱上了这些人的外表，完全被他们所折服。我惊讶地发现，大学里的每个人都超级友善，他们甚至对我很感兴趣，而不是冷落和怠慢我。我也惊讶于自己竟在这里感到轻松自在，我已准备好并且能够与人去交际。在上大学之前，我也有一些朋友，但与其说他们是真正的朋友，倒不如说是和我一起长大、长时间待在一处的人。我永远不会想要向他们展示我的私密自我。但在大学里，仅仅过了几个小时，我已经就生活、艺术以及我渴望已久的所有话题在和人们进行激烈探讨了。

然而，对于所有深入的交流对话来说，一个人的外貌仍然是至关重要的。只不过审美发生了变化。在很多方面而言，大学里炫酷的时尚文化与高中时拉帮结派的时尚一样严苛而无情，只不过，这里的严格取决于更高程度的个性化。这具有惊人的可预测性——如果有人试图指出可预测性这一点，我们这些炫酷派的门徒则会对其嗤之以鼻——每一个大学新生都会经历他们第一个学期的蜕变。我也不例外。

在感恩节假期过后，我们中的一些人就会把我们过往那令人尴尬的旧斜纹棉布裤（chinos）和帆船鞋（Docksiders）通通丢在家里面，再回校园时，我们完全是一身拼凑的复古朋克风穿搭：染成洋红色的头发、涂成绿色的手指甲，以及一袭长长的黑裙。

也有些人会从他们祖母的衣橱里挑选出超大号的连衣裙、带羽毛的奇特小帽子，以及能挂在肚脐上的珍珠项链。还有一些人会把自己打扮得像个性玩具：蕾丝长袜外面套着破洞牛仔裤，以及特意做旧的、被撕掉衣领和袖子的T恤衫。我所选择的穿搭风格，透露的是一种"我什么都不在乎，因为我是艺术家"的调调，这便需要我穿的所有衣服都来自本地一家叫"二手特惠屋"（Bargain Box）的旧货店，而且单件价格最好不要超过50美元。此外，为了搭配这种风格，我穿着在街上捡来的任何东西更会加分。

这种反时尚宣言的核心，其实在于诗歌。我仍然打算要去医学院学医，也已经注册了相关必修的理科和医学课程[1]，但我不得不在课程安排中加入了一些人文学科的课程内容。我母亲敦促我去参加这所大学中一个著名的写作工作坊，但由于我认为写小说的工作量太大，所以最后我选择了一门诗歌写作课程。我在那门课上的指导老师名叫约翰·斯科伊斯（John Skoyles），到了第一个学期末，我就被他的这门课程给迷住了。

对我来说，读诗和写诗把我认为重要的一切都汇集到了一处。我仍然可以沉浸在我私人的感官世界中，但现在，我有了一种学科训练、一种可以呈现出它们的形式。我的感知能力已不再是创

---

[1] 不同于国内很多高校，美国私立大学的学生很少会在大一时定专业，前一两年多以通识教育和从兴趣出发的选修课程为主，等到高年级时再确定专业方向（但需要有相关专业课程的选修记录）。

造我自己，从而来逃避这个世界的一种私密生活方式，现在它成了我进入这个世界的一种方式。语言本身，还有文字与意象，可以被锤炼和锻造成器皿，在它们里面盛放的，是我渴慕已久的真与美。最神奇的是，你也许会失败，你也许会一次又一次地犯错误，但你也能从每一次错误中吸取教训、有所收获。

对我来说，诗歌成了一种宗教信仰。就这方面而言，我是一个狂热分子。我会把别人拉进角落里，并且直言不讳地相告："你必须得听听这首诗，它可能会改变你的人生！"我会背诵从里尔克[1]（Rilke）到阿什贝利[2]（Ashbery）等诗人的所有作品，并且我也确信，我从这些诗歌中感受到的深深的惊奇和敬畏，也会立即向他人显现出来。我了解到，这份惊奇和敬畏，与我从化疗中恢复时所发现的情感感受密切相关，简单的"存在"（be）本身，就足以令人喜悦癫狂。现如今，我知道了喜悦癫狂代表的是一种无所畏惧，是一种放下和释然——世界如其所是，我们只能接受它的真实面目，不要对这个世界抱有过多的期待。而且我认为，我终于找到了主动去寻找这种存在、这种美丽的方法。

---

[1] 赖内·马利亚·里尔克（Rainer Maria Rilke, 1875—1926），奥地利作家，二十世纪伟大的德语诗人。代表作有《梦中加冕》《生活与诗歌》《给青年诗人的十封信》等。
[2] 约翰·阿什贝利（John Ashbery, 1927—2017），生于纽约州罗切斯特，美国诗人、艺术评论家，美国20世纪下半叶最有影响力的诗人之一，其诗歌以晦涩著称，擅长书写丰富的细节和杂糅的主题。代表作有《一些树木》《凸面镜中的自画像》等，1975年获得普利策奖、美国国家图书奖和全美书评人协会奖三大奖项。

等到大一学年结束时，我已经成了校园里小有名气的诗人，这有助于塑造我的艺术人格形象（artistic persona）。相比之下，只去衡量一个人的外表，显得多么微不足道。我有一些不修边幅的艺术家朋友，他们的着装便想让全世界都知道，他们是天才，他们太过专注于艺术，而根本不会去理会像服饰这样平凡的世俗之物。但对我而言，外表打扮得好像满不在乎，其实是一种我不想去在乎的努力，为的是向这个世界展示，我根本不关心人们怎么看待我的这张脸。在我精心策划的朴素衣着中，我希望能展示出我已经知道自己丑陋这件事，并借由它来彻底打败这个世界。不过，一直以来我都暗自希望，在这个过程中，可能也会有某个潜在的恋人偶然注意到我，能透过我脏旧、磨损的袖子看到上面还缀着一颗私密而美丽的心灵。

事实上，遇到能真正喜欢我的人的概率很小，这也不光是因为我的外貌。这所大学里的男女比例是一比三，而且，在所有这些男性之中，由于种种原因，还有多达三分之一的人不适合交往（unavailable）。因而，我可以自由地我行我素，发展我的那些古怪行为和想法，完全不用担心这会威胁到我对自己最基本的看法，也同样不会威胁到我对构成自己个性的最私密的定义，无论这些定义曾经给我造成过什么样的痛苦。

第二年夏天，我期待着进行第二次游离皮瓣移植手术，但现实总是事与愿违。我母亲不得不辞去她在养老院的工作，这意味着我不再享有医疗保险。为了减轻经济负担，母亲决定卖掉家里那栋需要大量维修和整体修饰的房子。在经过好几周的表格填写和好多个小时的电话沟通联络之后，我最终获得了国家提供的医疗补助计划（Medicaid）。我去见了贝克医生，一起商讨手术时间，最后，我们决定将手术推迟到次年夏天进行。

在我刚上大二的那个初秋，家里的房子很快就卖掉了。多年以来，我们家那个破败不堪的老房子，一直是个令人尴尬的存在，然而我却低估了它的价值，它原来还是一处可靠的避风港湾，是我可以随时回去歇息的地方。现如今，令我感到惊讶的是，我想念它。我经历了一段奇怪的孤儿般的生活，这种流离失所感也影响了我的诗歌创作。"家"这个词，总是会不断地出现在我的诗歌里。学校放假时，我经常会去朋友们的家中拜访做客，而不是待在我母亲新近住进去的狭小公寓里。

与高中时期形成鲜明对比的是，我现在拥有了很多朋友，他们各具特色，而且都特别优秀，我对他们的热爱无以言表。从他们身上，我发现了去爱他人的意义所在。我发现，爱他人是一门艺术，这与艺术创作所必需的热爱并无二致。爱他人就需要不断地去努力了解他们，如其所是地接受他们，而不是期望他们变成我想要他们成为的样子，也即，要始终努力去看到他人本来所是的样子。

我的虚荣心让我隐隐感到自豪，我拥有了如此众多不同类型的朋友。我与政治上激进的左派、公然追求享乐主义的人、深切关注灵性修养问题的朋友,以及那些对灵性修养问题压根没兴趣的人,关系都很好。一般来说,他们彼此不会混迹在一处,当我的朋友们发现我花时间和他们特定的群体圈子之外的人交往时,他们常常会由衷地感到讶异,尽管这些圈子也有一个共同特质,那就是,他们大多数都处于边缘地位。在莎拉·劳伦斯学院这样一所本就边缘化的学校里,生活在边缘本身就是一种成就,而我最喜欢我的朋友们的地方,正在于他们这种特别另类的品质。他们自豪地披起他们"局外人"的大氅,无论这是由于他们的政治观点、性取向所致,还是由于其他任何让人觉得偏离了社会规范的事情所致。他们的这种自我定义,正是让我和他们在一起时感到轻松自在的东西。我从来没有被他们评头论足过。我感受到一种从来没有体验过的包容接纳,此外,我也能够真诚地敞开自己的心扉,去接受朋友们给予我的爱。

大二学年即将结束时,我去见了贝克医生,商讨如何安排下一次手术。我满怀着一腔希望,但事实上,贝克医生当时的工作任务实在太多,根本无暇顾及我,没法亲自给我做手术。于是,他把我转交给了由另外两位外科医生组成的一个医学小团队,他们在格林威治村那儿的圣文森特医院(St. Vincent's Hospital)工作。当我在贝克医生的办公室中等候时,这两位新医生走了进来,他们给我做了检查，随后就离开了。贝克医生还向我保证，他们都非常专业。

游离皮瓣移植手术一般需要六到八个小时，我认为，我应当体谅贝克医生，他没有这么长的时间可以用来做手术，因而才会让这些陌生的医生接手，我理应顺其自然。"不过，我仍然还是你的主治医生。"贝克医生这样向我保证，但我还是感到被彻底震慑住了，就好像我没有权利，不能大声说出我的恐惧似的。我很想知道，手术医生的变更是否跟我现在享受国家医疗补助"白卡"有关，但我又不好意思开口问。

整个事情从一开始就感觉很糟糕。在一阵热浪中，我走进了圣文森特医院，我病房里的空调坏了，窗户也一直紧闭着。手术后，我从大汗淋漓中醒来。我仍然神志不清，而且处于剧烈的疼痛之中。拉开僵硬的床单后，我看到我臀部的缝合线不是我期望的那类正常的缝合线。在我臀部被取走移植物的地方，有一长排大约三十到四十个大号的金属U形钉。看起来就好像有人把我的腿给锯掉了，然后用办公室订书机又把它给订回去了一样。这一幕叫我心烦意乱，但当我想说话时，我发现他们给我做了气管切开术，又多一重惊喜（surprise）[1]！

---

1 原文"surprise"这个词一词多义，除了"惊喜"，也有"惊吓、意外"的意思，此处为反讽。

想要从八小时的麻醉中彻底苏醒过来,需要度过一段漫长且不适的时间。我不断地醒来,恢复一会儿意识,注意到某个细节,比如 U 形钉,接着又会昏昏沉沉地失去意识,然后过了好一会儿,我再度重新苏醒过来,却完全搞不清楚从沉睡到醒来的这段时间过去了有多久,我人在哪里,到底发生了些什么。我不明白为什么我的腿上会有 U 形钉,而且我一直不够清醒,或没有足够长的清醒时间去弄清楚,这其实只是一个缝合伤口的实验。我一直在脑补护士用钳子攻击我的阴森可怕的场景。我浑身不住地颤抖,哭得根本没办法停下来,尽管那种感觉不像是我自己在哭,就好像我是在看一场电影,是别人躺在我的床上,颤抖着、哭泣着。我觉得自己像个小孩子,没有安全感。

晚上的某个时刻,我发现呼吸很困难。我给护士写了一张便条,她说她会告诉医生。一个小时后,情况更糟糕了;每一次呼吸,我都感觉很艰难。我又给护士写了一张便条,最后,终于来了一位医生,医生抽取了一份动脉血样以查看我的血氧饱和度。很长一段时间过去了。仍是深夜,病房周围似乎也没有任何人。我恐惧得无以复加。当医生回来开始采集另一份血样时,我只能模模糊糊地意识到他在那里。我看不太真切,只听见他用低沉的声音和另一位医生打招呼,那位医生走进来并问道:"你刚刚不是才做了一次血氧检测吗?"我好像是在水底下听着他们说话一样。"是啊,"他亲切地回答道,"但我不敢相信,人的血氧饱和度竟然会这么低[1]。"尽管我此时无论怎么努力都无法与外部世界交流，但这句话还是冷不丁地让我内心的声音苏醒了过来。我的上帝啊，我心想，是脑损伤！——我会得脑损伤，我会脑死亡的，而且，就我所知，似乎也没人特别在意这一点。

我躺在床上，盯着放在我床尾栏杆上的那只手看。有几个人正在讨论该如何处理我这种情况，但我根本无法集中精力去听。我所能想到的就是，这只苍白的手看起来多么像电影中的手啊，连着腕关节的手搭在那儿，优雅而无力地将手指指向床单。有时，它还会动一下，甚至会将手掌向上翻一点，就像一只手的主人通常在表达某个观点时会有所示意那样。接着，那只手抬了起来，随后移走了，有人走到了我的身边，弯下腰来告诉我，他们要带我去重症监护室，给我戴上氧气呼吸机。

我想，现在，这听起来是个绝佳主意。最后，我好歹能够呼吸了。我的几件随身物品从床头柜里被拿了出来，装进一个塑料袋里，接着"扑通"一声放在了床尾我的脚旁边。制动器手闸从病床的轮子上被抬了起来，然后我们就转去重症监护室了，我躺

---

[1] 人体中的氧含量非常重要，正常的动脉血氧饱和度为95%~100%。各种疾病状态（如心力衰竭、慢性肺部疾病或睡眠呼吸暂停）下血氧饱和度都可能降低。通常，任何血氧饱和度低于89%~90%的人都需要进行补充性家庭氧疗，以便将血氧饱和度回升到90%以上。如果血氧饱和度降低到百分之八十几或百分之七十几，则会出现各种严重症状，包括视觉变化、头晕、精神状态变化、意识微弱、思考困难等，血氧饱和度长时间低于该值是致命的。

在活动病床上，由一名护士和一名实习医生推着前行。医院里似乎空无一人，我们迷路了两回，那名护士和实习医生就该走哪条走廊一路争论不休，他们活像老夫老妻那样互相指责对方。知道马上就会有呼吸机，我稍稍放松了一些，我也能从自己的困境中看到一些滑稽可笑的方面。

在我终于戴上呼吸机之后，他们才发现我得了肺炎。我在重症监护室里度过了地狱般的一周，这里的灯二十四小时都开着，空调还是坏的，时不时地，我的心电监测仪的警报声还会莫名地响起来。警报声音很大，总是会把我从床上给震得跳起来。我不得不等待有人能过来给它一阵猛敲，就像对待一台出故障的电视机一样，这样它才会安分下来。

不过，最奇怪的是，每个人似乎都在用一种特别的口气对我说话。我无法确定他们的说话方式有什么怪异之处（我是不是服用了某种奇怪的药物？）。终于，一个我从没见过的男护士语气非常缓慢，嘴巴的动作也极其夸张地问我："你花了多长时间学会读唇语的？"也不知道为什么，他们以为我是聋子。那天傍晚时分，一群工人开始拆除离我床脚几英尺远的一堵墙壁，以便维修一些管道。他们的手持电钻震得我病床上的金属栏杆叮当作响，而且再一次触发了我的心电监测仪。

在医院的时候，我病得很厉害，以至于根本没有太多精力去考虑自己的外貌长相。这年夏天，我母亲得到上东区一套公寓的使用权，在这之后，我便去和她一起住。公寓客厅的一整面墙上都挂满了镜子。我走进公寓，看到镜子里的自己时，差点晕了过去。移植物不是仅在我脸的一侧，而是从一只耳朵到另一只耳朵的整个下巴上都布满了移植物，它们还可憎地肿得像只足球那般大。被移植过去的，是从我臀部切下来的一大块苍白的皮肤，而不是像上回那样的一小块皮肤。那块细长的皮肤长约一英尺、宽四英寸，每一边都有长长的一排缝合线。如果说在我生命中的其他时候，我感觉自己像个怪人——更多是指出现在我脑海中的奇想画面，而并非真的出现在我脸上——那么这次，我从镜子中看到的凝视着我的那副面孔，无疑是令人厌恶反感的。每当我出门走在大街上时，这种感觉就会再次得到印证。人们会停下脚步，直直地盯着我看。一天下午，一个乞丐在我身后小跑着，想跟我讨钱。我停下脚步，并转过头来看着他。他话才说到一半就停下了，又盯着我看了一秒多钟，接着，他礼貌地向我道歉，并递给我一张一美元钞票，然后就自言自语着转身离开了。我的自尊心坠入了最幽深、最暗黑的谷底。

在新学期开学之前，医生向我承诺，我们会再进行一次修复手术，我把我所有的希望都寄托在了这次手术上。也许，我的脸也没有那么糟糕，我试着这样宽慰自己：最终，肿胀是会消退的，多余的皮肤也会被切掉。我只是不得不接受这一点，并要尽我所能地耐心等待、麻痹乃至掐灭任何想要看起来正常的内心欲望。很多时候，我都是独自一人坐在昏暗的厨房里打发时间，那里只有一扇不透光的小窗户，热得直让人冒汗，我会一边给自己打气，一边谩骂生活，诘问它的真正意义所在。

一天下午，电话铃声响了。打来的是史蒂文，我大学里的一个朋友。当他问我最近过得怎么样时，我试图回答他，但我所表达出来的只是哽咽着的哭泣声。"等着，"他说，"我这就过来接你。"一小时后，我家的门铃响了。

当我打开门，我本以为我会长篇大论地跟他解释，为什么我看起来会是现在这个样子，但在我还没来得及开口解释之前，史蒂文就宣布说，那天晚上，我们要一起去跳舞。跳舞？他是认真的吗？他是认真的。他是一位同性恋人士，刚刚才出柜。他告诉我，我是他唯一信任、可以陪同他去同性恋俱乐部的人。他说，这很重要；他指望我能支持他。

我自己的性向/性欲[1]（sexuality）完全被搁置一旁，却置身

---

[1] 英语中的"sexuality"一词有多重含义，广泛而言，它包括与性（sex）有关的一切，中国学者目前尚无统一的译法。例如，表示"有性状态"时，可译"性征""性态""性特性"；表性能力时可译"性欲""性行为""性能力""性欲特质"；表性倾向时可译"性向""性取向""性倾向"。学术研究中也有译"性""性向""性存在""性状况""性本性"等。学术译著中常见的译法为"性态""性向"或"性学"，sex and sexuality 多译为"性与性态"。此处，考虑到前后句子逻辑中包括"性取向"这层含义，将其简单且权宜地译作"性向/性欲"。

于一个由性（sex）组成的世界之中。忽然之间，我就离几十位半裸的男性很近，但我感到既安全又讶异，这些男性在舞池中暗示性地摇摆着他们的臀部。这家俱乐部叫作"怪物俱乐部"（The Monster），这里的性与我无关。没有人会注意到我——我在这个世界中并无价值。在这里，我很容易就能升华自己的欲望，并维持这种身体一文不名（physical worthlessness）的感受。我把浑身的精力都放在了学习跳舞上。我的老师们都是八十年代中期舞蹈俱乐部中的无名大师。最初几次去俱乐部，我都是在那里观看别人跳舞，后来，我终于鼓足勇气亲自步入舞池。要知道，在一百万年之内，我都绝不可能在一家异性恋俱乐部中做到这一点，但在这里，我却可以做到，这究竟是怎么一回事？我学会了在放松和控制之间保持身体平衡，让我的身体追随音乐的节拍做出本能的摇摆反应，并将这种摇摆身体的冲动导向一个经过深思的、更有技巧的舞蹈动作。这一切都关乎节奏，关键就在于要找到音乐的节奏与我自己身体的节奏合拍的地方。在我跳舞时，我常常想，这与创造艺术没有多少本质上的不同。时不时地，我也会联想到——虽然是转瞬即逝的——在这个世界上，做爱时想必也会是这种感受吧。但大多数时候，我都只是在专注地研究跳舞。

后来，在我大四那年，我和一群在俱乐部里认识的异装癖者成为朋友。他们将我置于其羽翼之下保护。我会躺在他们堆满衣服的床上，度过漫长的夜晚，看着他们收拾好准备出门，这个过程可能会持续好几个钟头。他们对美的看法很极端：浓妆艳抹、七彩色的连衣裙，还有配饰艺术——这是最重要的，也是他们想要让我印象深刻之处。有时，我的朋友们会把我从床上拖下来，他们聚在一块和我嬉闹，要给我实验不同类型的化妆技巧。从粉底到口红，再到假睫毛，他们异装打扮时用到的东西真是多到离谱。看着镜子里的自己，我几乎不会把我自己想象成一个"真正的"女孩，在做着女孩们通常会做的事情。我一直在尝试想要拥有一种雌雄同体的效果，我的身形纤细苗条，经常裹着宽松的衣服，所以我经常会被误以为是个男孩。我觉得这样的穿着打扮很安全。当我看着我的朋友们梳妆打扮时，我感到与自己的女性气质更是异常遥远。

我喜欢我生活中的这些怪咖们。我似乎结识了很多怪咖，而他们每个人又都会再把我介绍给他们的朋友。比如，我的一个朋友的朋友，将我介绍给了扮女装达人狄维妮（Divine）；我发现我参加的派对上，客人里有安迪·沃霍尔[1]（Andy Warhol），以及著名的时装设计师和昔日的摇滚明星这一类名人。除了匆匆一瞥之外，他们很少有人会多看我两眼，但我在由这些人组成的人群中，却感受到一种莫名的归属感，我们所有人都是如此过度地被困缚

---

[1] 安迪·沃霍尔（Andy Warhol，1928—1987），美国当代艺术家，波普艺术的倡导者。

于这个表象世界[1]（the world of appearance）。我去过所有最炫酷时髦的臀舞俱乐部（the hippest of the hip clubs），并在那里跳舞跳到癫狂。

我在这些昏暗的俱乐部里走来走去，感受到一种神奇的力量。过去在小马派对上，置身于那些家长中间的我，也曾感受过这同一种力量。只要我能摆脱想被他人渴望（主要是身体吸引）的所有期待，我就能沉浸在自己的一种幻想之中，在那里，我会是一位艺术家、一个特别的人、一张你能够记住的面孔。

大二学年结束的那个夏天，等脸上奇形怪状的肿胀消退以后，我又做了一次修复手术。虽然我对自己的形象没有什么特别的好感，但我也没觉得它有多么糟糕。这是生活能够向前迈进的关键一步，我决定再逼自己前进一步。我剪头发了。我知道，这是我能够不再躲藏在头发后面的唯一办法。剪头发时，我分了几个阶段进行，先是从一个长款的波波头开始，每隔几周，我就会让头发再短一些。到大三学年结束时，我的头发只有几英寸长了。在那一年里，我的游离皮瓣重新被缓慢地吸收掉了，仍旧像上一次手术的效果一样。再一次地，我身上除了供皮部位的累累疤痕外，

---

[1] 这里是一语双关，"appearance"既指"表象"，如对应于实质和真理的表象世界，也可指"外表/外貌"。意即，很多人都像作者这般囿于"外表/长相"的世界，即人们通常戏称的"外貌协会"。

没有任何可以展示我做过此类手术的东西。最终，在大学最后一年开始前的那个夏天，我被医院安排了一次骨移植手术。

这次的移植物是非血管化的，这就意味着，有一大块骨头将会从我的臀部被取出来，研磨碾碎，然后捣成黏土一样，再用它塑造一个大致的下巴轮廓。这种手术的效果立竿见影、肉眼可见，因为骨头是不会肿胀的。我还记得自己从床上一瘸一拐地下来，走进卫生间，当我打开门时，我不敢相信自己的眼睛。那张脸真的是我吗？过了好几个星期，我还一直举起手来检查，好确保它还在那里——一个真正的下巴。我万分期待能够在镜子里看到我自己，看到一张我喜欢的脸庞，这在我的印象中还是头一回。

尽管我所有的朋友都告诉我，我很迷人，但令我感到困惑的是，我仍然觉得自己没有魅力。我的恐惧难道不是应该随着手术而消失吗？为什么还没有恋人来爱上我呢？现在，我的生活不应该正常运转了吗？我之前总以为，美丽能够带来一切慰藉与自由，但现在，它们又在哪儿呢？

第十二章　镜子

有时候，人生的主体情节是由真正的智慧与同样真实的无知所结合的种种不同方式所形塑的。我竭尽全力尽可能公开、公正和诚实地看待这个世界，但我却没有认识到，我自己也是这个世界的一个组成部分。我煞费苦心地为我所看到的一切事物注入一种恩典、荣光和意义，但我却无法将这些价值应用到自己身上来。就个人而言，我觉得自己毫无价值，或者更准确地说，我觉得我对所有人来说都无关紧要。

尽管我现在拥有许多深厚的友谊，拥有珍视我的朋友们，但是，我没有恋人，这就意味着，我最终是不被人爱的（unlovable）。我还没有意识到，对我来说，开始拥有我自己的欲望是多么重要的一步。我知道我的朋友们都爱我，但我并没有从这个事实中得到自我肯定，反而更加拿它来否定我自己：如果那么多的人都认为我是一个如此可爱之人，而事实却是我仍然寻不到一个恋人，这只能证明，的确是我太丑陋了。无论我培养出什么样的内在价值，它都会被这样一个认识所侵蚀，也即，我只能够弥补，却永远也无法克服我的脸这道障碍。

我被自怨自艾所吞噬，虽然我竭尽了全力，但我还是无法摆脱它。因为在我成长的过程中，我拒绝让自己有任何自怜的感觉，哪怕是暗示我也不允许。因而，我现在必须找到一种方法来重塑它。就像我从寄到家里的基督教小册子中得到安慰时那样，我现在阅读《圣经》，尽管我内心仍然无法笃信这种信仰。在《圣经》的《旧约》和《新约》中，我发现了一种特定的时间运动规律，一种从驱逐开始[1]、走向和解的哀悼循环。这也是我自己人生的动态模式，只不过是在用一种不同的语言重申而已。我阅读了各类哲学家的著作，并设想着我自己的灵魂（soul），它与我的心灵（heart）和头脑（mind）相互分离，而且清晰有别。有时，我是如此孤独，我很惊讶，我竟然没有当场死掉，仿佛如此强烈的孤独是一道神圣的雷霆霹雳，随时都可以将我整个人击倒在地，无论我是躺在床上，还是坐在拥挤的餐桌旁，抑或是站在一个空荡荡的路边车站上。

所以，毫不意外，我会把"性"视为我的救赎。要是我能让别人想与我发生关系，那就意味着我富有性魅力，就意味着也有人爱我。我从不怀疑自己拥有去爱人的能力，只不过，我的爱永

---

[1] 《圣经·旧约》的开篇是《创世记》，以亚当和夏娃被逐出伊甸园的故事情节为主。

远得不到回应。对某个人的渴望和对永远也不会有人爱我的恐惧相互交织在一起，以至于我根本无法区分这二者。我的渴望本身、我的心理需求，将其自身转化成了一种坚定的信念，也即，我的爱永远得不到互惠的回应。大学毕业时，我还是一个处女，其主要原因显然是我缺乏真正的恋爱机会，再加上我极度缺乏自尊。但我坚持把它当作一个明证，继而又认定，我之所以感到迷失并且被排除在爱情世界之外，仅仅是因为我的长相。

然而，这一切在我上研究生时将会改变。我很早就放弃了上医学院的想法，所以申请了诗歌艺术硕士的项目（MFA）。如果"性"不能成为我的救赎的话，那么，写作和诗歌可以。但是，在我到达艾奥瓦大学（the University of Iowa）仅两天，我就遇到了后来成为我第一个恋人的那个男人。毫无疑问，我很容易上钩受骗[1]（an easy mark）。从表面上看，裘德完全符合我的恋人想象，他是一位年长而英俊的作家，开古董跑车，还有一个不同寻常的名字[2]和一种古怪的个性。他曾经过着潦倒而不失趣味的生活。总的来说，正如他爱听我形容他的那样，他极其英俊潇洒。

---

[1] "an easy mark"为美式口语，有"an easy victim"（易受欺骗的人、顺从的受害者）之义，指容易受骗的老好人、傻瓜、糊涂虫。
[2] 前文中，作者提到过哈代的《无名的裘德》，这里暗指恋人的名字和哈代书中主人公裘德的名字一样。

这段恋爱关系是一场灾难。我从来不认为自己爱上了裘德，或者他爱上了我，但这是一段充满了激情的关系。我终于找到了一个被我吸引的男人，我让他的这份爱慕来定义我自己。在他的鼓励之下，我开始打扮得更像"一个女人"，尽管我仍然无法在一句话里同时使用人称代词和"女人"这个词。起初，我觉得自己像个冒名顶替者（an imposter），但随着时间的推移，连我自己都不得不承认，我有一具性感的身体。曾经看起来像个假小子一样的我，开始学着穿迷你裙、吊袜带和高跟鞋。一旦开始挑逗性的穿着打扮，我便乐此不疲地停不下来。这就像表演时的戏服一样，也像我曾经特意打扮得中性化那样，即使这些新衣服没有凸显出我曼妙的曲线，但我认为，它们隐藏了我对丑陋的恐惧。我想，我可以用我的身体来分散人们对我脸部的注意。这让我感觉自己很有价值，我甚至会盛装打扮一番去逛超市。

我所有的四处招摇和展示炫耀都无法掩盖一个事实，也即，我的骨移植物正在慢慢走向其他移植物的最终结局。直到裘德和我分手后的第二天，我才真正注意到这一点。照镜子时，我看到了暴露实情的迹象，我感到一种巨大的恐惧在笼罩着我。这一切都是谎言。我愚弄了裘德，让他以为我是另一种样子，而不是我所是的样子，但现在，现实再一次慢慢而无情地显露了出来。在这一切发生后，我开始认真地穿上那些尽显线条的紧身衣。我开始每天花两个小时待在健身房，给自己强加了一个杀手级别的锻炼强度。我的身体是我可以掌控的一个东西。这么说吧，要是我能把花费在脸上和身上的十分之一的精力投入写作当中，那我大概可以写出比《战争与和平》(*War and Peace*)还要厚十倍的作品出来。

因为一心想要证明自己富有魅力，于是，我开始像集邮一样收集恋人。我有了一系列短暂的恋爱关系，我心里认定，恋情总是终结，就是因为我还不够美。我开始坚信，任何想要与我建立一段严肃认真的恋爱关系的人，都会自动成为我根本不想搭理的人。这就是经典的"格劳乔·马克思悖论"(Groucho Marx paradox)：任何愿意接纳我作为其成员的俱乐部，我都不想加入[1]。

贝克医生和我决定尝试另一种软组织游离皮瓣移植术。既然有如此多受过放疗影响的组织已经被未受放疗影响的组织所替换，那么他认为，在这个时候，移植物有很大可能会嵌入牢固。但就在手术前几个月，我发现医疗补助"白卡"无法报销我的医疗费用。个中原因有很多，比如，我本人不住在我将要做手术的那个州，我如今是一名全日制研究生，而且还有一份教学助理奖学金，等等。我不得不将手术推迟到接下来的夏天。

贝克医生建议我去艾奥瓦大学校医院咨询整形外科的主任，

---

[1] 这句话原是格劳乔·马克思（Groucho Marx, 1890—1977）说的，格劳乔·马克思原名为朱利叶斯·亨利·马克思（Julius Henry Marx），是美国著名喜剧演员。

此人是他的一位老友。也许，能有办法让他帮我做这个手术。由于艾奥瓦州的医疗补助系统遵循先到先得的资助原则，所以我无法在手术前成功申请医疗补助，但我又必须得到它，我只能先提交费用清单，然后等着看是否有剩余的预算资金帮我支付这笔费用。我去申请补助时，没有抱多大希望。

校医院的那位外科医生比较老派保守。他告诉我，我的游离皮瓣当然是会缩小的；因为它们总是这样。他提议，要坚持使用康利医生在很多年前就为我讲述过的基座方法。他非常热情，比康利医生更为详细地向我解释了将为我做的所有不同切口。他是这样描述的：我的手先会被缝到我的肚子上，然后再缝到我的脸上，我会在医院住上六个星期；当我的手被缝在我的脸上时，他会给我安装一个特殊的石膏模子，以便将所有东西都固定到位。他甚至把我介绍给了他的一个病人，此人正在做一个基座来重塑他的鼻子。这个病人的鼻子被一枪打掉了，他正夸张地戴着一个非常复杂且看起来很不舒服的石膏模子，它正紧紧地将他的手腕固定在他的脸上。将他的手腕连接到他鼻子区域的，是由惨白色皮肤做成的一根管子，其侧面有一排红色的缝合线。看过之后，我恶心反感到无以复加，同时又为自己的恶心反感而深感羞耻。

在这位病人离开之后，由于我不想表现得无礼，所以我心平气和地告诉外科医生，因为会涉及钱的问题，我可能无法完成这些手术。"哦，你别担心那个。你在这儿等一下。"他消失了长达十五分钟,只留下我一个人待在他办公室。我觉得眼下是一个练习神游的好时机,可以看看我能否体验一番灵魂出窍的出体经历(out-of-body experience)。我只是偶尔读了点有关灵魂出窍的神游经历,这些内容大多是出现在超市的购物小报上。我认为,在这时候应该遵循一条实际的物理路径,于是我闭上了眼睛,试着去想象,如果我头上有一个可以钻进去的通风管道(air duct),它看起来会是什么样子。

最后,外科医生带着医院的一名财务经理[1]回来了,财务经理大致向我概述了医疗费用计划,主要包括三次手术和一些次要的随访问诊,以及延长的住院时间。他在完成财务汇算后叫我放宽心,说每个月只需支付一百美元,这样一来,等我到四十二岁时,就可以还清最初的就医账单和所有利息了。他非常和蔼可亲,我握了握他伸出的手,并告诉他我会考虑。

在医院里,我一直保持着镇定,直到我走到大街上。接着,我拔腿开始奔跑,一路狂奔着回到四英里外的家中才停下来。到家后,我因过度换气(hyperventilate)而气喘吁吁。现在,我的身体也背叛了我,这让我感到更加难过,尤其是在我最需要它的时候。我绝不可能让自己去经历那一系列的手术,更别提什么还

---

[1] 美国的医院和诊所(包括文中这里的大学医院)大多有专门的财务助理(financial manager),就诊病人可以就自己的具体医疗方案和医院协商价格,也可以寻求最优惠的就医补助等。

款方案了，到那时候，我应当和其他同龄人一样开启了中年危机，我可无福消受还要去还清他们所有手术费用的乐趣。

这才是我——穿着迷你超短裙，头脑敏锐，有一系列情人。我努力说服自己，也许我真正需要做的，就是学习如何去更好地对待自己。我很快就会了解这一点，但我此时仍然还很怀疑。另外，我也特别确定，只有另一个人的爱才能绝对证明我自身的价值。不过现在，就忘了这一切吧，因为这儿有关于丑陋的事实。我觉得就好像有人给我递过来一面镜子，从中可以看清我的真实生活和我的真实面目，但我却不想看。我好像成了别人，成了医生正在谈论着的、要将她的手缝在她脸上的某个别人。我想要相信，自己真的没出那么多问题，但现在，我最糟糕的怀疑也得到了证实。

通常，我会凄凉地在客厅的地毯上蜷作一团——这是我在艰难时期经常会采用的一种姿势，嘴里喃喃地说着"我累了。我再也不想这样了"。这一次，我既没有赋予此次事件高尚的解释，也没有对其采取灾难性的阐释。我一心想要坦然接受发生着的一切，试图给它们注入一些设计出来的宏大意义，以至于一想到要简单地拒斥这一切，就感觉这想法不啻是异端邪说。毕竟，这是现实：我曾经得过癌症，现在，我的确也拥有一张变形毁容的脸，这两件事都无可否认。我感觉自己被两种斥力拉向了两个不同的方向。我尝到了被爱、感觉完整的滋味，我也喜欢那种滋味。但恐惧一直在跟我说，我需要有他人的渴望才能够去相信那份爱。无论我的理想多么冷静达观，我都会将每个方程式化约为以下这类大白话：我究竟是可爱的、还是丑陋的？

对于这个问题，根本不去尝试得出结论，其实也是个激进的办法，但我知道，无论可爱还是丑陋，最终我还是要去做一次手术。我觉得这超出了我的能力控制范围。在费尽了一番周折之后，我通过纽约大学的整形外科中心，从一家慈善机构顺利得到一笔资助，可以用来支付我下一场游离皮瓣移植术的手术费。那年夏天，贝克医生亲自给我做了手术，这仍是希望和失望交替摇摆的老一套故事。有那么几个月，我看起来极其可怕，接着，我慢慢看起来好多了，但就在我刚刚适应了这副新面孔时，移植物又开始消失了。我想过再尝试一次骨头移植手术，但当我发现申请资助有次数限制时，我便打算放弃手术。毕竟，这就是我，这就是我的脸了——不管你喜不喜欢。

最后，我选择了一种"地理治疗法"（a geographic cure），我打算在学业结束之后去欧洲生活。我接了一些兼职工作，开始没日没夜地打工，几个月之后，我就存了两千美元，订购了一张去往柏林的机票。我有个大学时期的老友住在那里，这似乎就是我将那儿选作目的地的充足理由。

西柏林——柏林墙在当时还完好无损[1]——激发了我对波希米亚浪漫生活的无限向往。我住在一间公寓里,供暖设施仍是二战前巨大的瓷炉,但它没有像样的浴室。每天早上,我要在厨房的水槽边洗澡。我在好几个学校申请了教英语的工作,我还去了隔离墙附近的一个贫穷而破旧的地区——克罗伊茨贝格(Kreuzberg)——学习德语,其课程费用低廉,和我一起上德语课的还有满满当当一房间的土耳其移民。我一边找工作一边等待消息,与此同时,我整天坐在咖啡馆里,试图写出有关真与美的终极诗篇[2]。我也在秘密筹划自己的写作计划,指望哪天能写出伟大的跨大西洋二流小说来发家致富。

生活在一个我不会说其语言的国家里,对我来说也挺好。做任何事都是一场冒险,包括在街角的商店买牛奶。我掌握了迷路的艺术。比如,我本来打算乘坐一趟城市通勤列车[3](U-Bahn),但我经常会莫名其妙地来到城中另一个完全不同的地方,每每这时,我就只能靠着自己的街头智慧和陌生人的善意相助才能顺利回到家。这是一种相对安全的混乱,在某个时刻,我突然明白了,

---

[1] 冷战时期,东、西德被柏林墙隔开。柏林墙使用时间为 1961 年 8 月 13 日至 1990 年 6 月 13 日,拆毁于 1989 年 11 月 9 日,柏林墙的拆毁是世界历史的关键事件。
[2] 此处有所用典,指涉济慈《希腊古瓮颂》中的诗句:"美即是真,真即美。"(Beauty is Truth, Truth Beauty.)这句诗可能也是本书第八章的标题来源。
[3] "U-Bahn"是德国的城市通勤列车,相当于地铁,由德国铁路和当地的城市铁路运营商联合运行。U-Bahn 由五个系统组成:柏林、法兰克福(仅 U4 线)、汉堡、慕尼黑和纽伦堡。

我是在这个陌生的地方培养"孤身一人的能力"（aloneness），以此来作为一种对抗孤独（loneliness）的方法。

我将自己看作置身柏林的外籍艺术家，并尽可能长久地保持这一浪漫形象，直到我所有的工作机会都失败为止。由于身上资金所剩无几，我决定去伦敦找我姐姐苏茜，和她一起住。我寻思着，在我会说其语言的国家里，我应该很容易找到一份工作。

通常而言，城市能为我提供匿名的避难所，但在伦敦，一切都感觉很不同。自在艾奥瓦大学读研究生以来，我的时尚感虽然已经拉低了很多，但仍然喜欢穿些能凸显我身材的衣服。有成群结队的男人，大多是醉醺醺的年轻人，从大老远就能发现我，他们还会跟着我，对我发出嘘声。就像回到了初中时一样。一旦他们靠得足够近，近到可以看清我的脸，他们就会开始取笑我，说我是丑八怪，他们还会互相发起挑战，寻问彼此是否有种约我出去，他们自认为这是一件歇斯底里的好笑之事。我总是保持冷静，径直走我的路。我想要镇定自若，但这真的很累人。我知道，这与他们喝醉了酒有关，他们会无差别地瞄准路上碰见的任何人，我只是碰巧在错误的时间出现在了错误的地点而已，但是，知道这些理由也无济于事。

一天晚上，在我遭遇了嘲讽而明显心烦意乱地回到家后，我姐姐跟我提起一位名叫奥利弗·芬顿（Oliver Fenton）的外科医生。当我还在艾奥瓦州，就在我最后一次游离皮瓣移植手术失败以后，我姐姐在书中读到了芬顿医生，彼时，他正在为整形外科手术研究一种新方法，叫作组织扩张器（a tissue expander）。于是，她写信给芬顿，询问这个新方法是否也适用于我。芬顿亲自给我姐姐打了电话，并告诉她，他认为这可能会对我有帮助。当她从伦敦给我打电话时，我十分怀疑这一点。

人们总是会告诉我，他们今天能为我做哪些很棒的事情。因此，我很难向他们解释——甚至要为这个事实而道歉——整容手术并不像电影里演的那样轻松容易。当绷带解开时，从来没有那么一个戏剧性的高光时刻，也没有某个单一的方法可以一劳永逸地让一切都恢复如常。关于这位新医生的情况，我姐姐告诉我之后还没多久，我便把他彻底给忘了。现在，我姐姐又向我提及他，说他在电话里的声音听起来特别友善，还说去找他看看至少对我也没什么坏处。他住在苏格兰的阿伯丁（Aberdeen），距离伦敦有七个小时的火车车程。可我买不起火车票，如果不是我姐姐苏茜慷慨地买好火车票送给我作礼物，那我有很大可能会对此事置之不理。

芬顿向我解释了整个手术的具体过程和步骤。首先，他会给我插上一个组织扩张器，接着，再嵌入带血管的骨头移植物。因为骨移植物有它自己的血液供应，所以，它被重新吸收的可能性很小。这个过程至少需要六个月才能完成。那时,我对整形外科手术已经有了足够多的了解,我知道,医生说的六个月可能意味着需要一年时间。我告诉他,我会好好考虑的,然后,我就登上了回伦敦的火车。在返程餐车上,我又碰到了一群醉汉,他们津津乐道的一件事就是对我的外貌评头论足一番。

我很怕芬顿医生提出的所有手术都不会奏效,那样一来,我只会让自己再次陷入熟悉的失望之中。但是,再一次地,我转念又想,我怎么能够放弃它也许会奏效的可能性呢?也许最终,我有可能会修复好我的这张脸,修复好我的生活,还有我的灵魂呢?多亏了我持有爱尔兰护照,以及当地面向社会大众的医疗福利,这些手术才能够免费。我想起了火车上那些醉汉胡言乱语却又残忍无端的评论,于是,我打电话跟医生说,我要做手术。

一个空瘪的气球被嵌入我右脸的皮肤下面,接着,每天都要向我耳朵旁边的一个特殊端口注入几毫升生理盐水,再慢慢将气球吹大。这么做的目的,是要缓慢拉伸皮肤,就像孕妇怀孕时撑大腹部的原理机制一样,这样一来,我自己的皮肤就有足够的拉伸空间,并且也能够覆盖住骨头移植物。这整个过程大约持续了三个月,在这期间,我一直都住在医院里。总而言之,我过得还不赖。

病房里的其他病人会主动告知我一些有关苏格兰的知识。一开始，我对苏格兰方言几乎一窍不通，但在我离开病房时，我对它已有了基本的掌握。有一些病友还成为我的好朋友，他们出院以后，还会带我到城市周边那些美丽的乡村一日游。乡村风景勾起了人们对爱尔兰久远的记忆。有位医生叫伊娃，她是一名德国女士，鉴于我们俩都同在异乡，她对我的心绪特别能感同身受。有时，在她下班以后，她会邀请我跟她一道回家去享用一顿美食大餐，这让我觉得自己很特别，而不仅仅是她的另一个病号。

我很高兴能够待在医院里，这样就不必走进外面那个世界，这让我大大松了一口气，因为不会被路人盯着看。我的脸每天都在变化，它慢慢变成了某种相当令人毛骨悚然的样子。一开始，它看起来就像是一个大号气球被安装在了我脸上。我知道我的容貌很奇怪，但病房里还有其他人也在戴组织扩张器，还有比我看起来更加糟糕的人，在这里，我从来不需要对此进行解释或道歉，我也从来没有因我的容貌而感到羞耻过。就体力上而言，我有能力照顾我自己，从医学上来说，我也没有住院的必要，但我也没有忽视一个事实，也即，我仅仅因为看起来和其他人不一样就会被别人当作病人来对待。

重要的一天终于来了，在最终将近十三个小时的手术中，由于一些不可预见的小困难，组织扩张器被移除，取自我髋关节的移植物被植入。醒来时，我感到严重的意识不清，他们给我注射的吗啡更加剧了这种感觉。吗啡实际上并没有减轻疼痛；相反，它只是缩小了我的意识范围。当我不断醒来，接着又沉入昏睡中时，我被一种残酷的偏执所裹挟，我坚信，是我选择了要对自己做这次手术，所以，这一切都是我罪有应得。如此长时间的手术本来就很少见，而且我认为，工作人员没有意识到麻药会有这种副作用。我彻底崩溃了，没人知道如何才能安慰我。直到几天以后，苏茜从伦敦过来看我，我的这种偏执才开始逐渐消除。那时我想，我这辈子大概都没有在见到什么人时这么开心过。

由于手术从我的臀部取出了一根骨头，所以，我很长一段时间都在跛行。我试着不去想手术后的效果。还会有更多修复手术要做，我需要耐心等待其中的每一个手术。几次手术之后，我的脸开始看起来可以被我接受了；新的移植物结实而牢固，似乎也没有遇到什么危险。但是接下来，一些意料之外的事情发生了：我左下巴上原来的骨头也被大量放疗过，它开始逐渐萎缩，估计是由于这次大手术带来的压力所致。医生建议，在左侧也要放置一个组织扩张器，然后再放上一个游离皮瓣。

我无法想象还要再次经历这种手术，就像我此生一直在做的那样，我寻寻觅觅，想要找到一种手术方法能让生活好起来、让它可以被忍受，我迫切想要找到一种能处置它的方法。在回伦敦的火车上，我躺在那里一宿未眠。那时我意识到，我没有义务去改善我的境遇，我也不必解释或试图理解我的人生，如果一切势必发生，我其实应该让它顺其自然地发生。当火车驶入伦敦的国王十字车站时，我觉得自己又能够承受了，但除此之外，我也不确定自己还能有什么其他选择。

我搬去了苏格兰，部分原因是为了能离医院近，另外也因为，我想要更加独立。由于有资格享受社会保障福利，我得以租住进一套公寓。这里非常寒冷，但公寓俯瞰着一座桥，晚上，也会有妓女聚集在桥下。

当我去医院想要确定插入组织扩张器的手术日期时，我被告知，在初始手术之后，我只能在医院待上三到四天。我几乎是很小声地问医生，能否让我留在医院，度过三个月的肿胀期。答复是"不能"。不仅不能，我每天还要再来一趟医院进行随诊。一想到这种前景，我就很恐惧，但一时之间又无言以对。在脸上嵌着一个巨大气球的时候，我将不得不在医院外面的世界中生活和来回走动三个月。去医院前的几天里，我大部分时间都在独自喝闷酒，既在酒吧喝，也在家中喝。我甚至挑选了一个男人，一个长相甜美而英俊的男人，他可能和我一样感到孤独。事后，我躺在他身边，记得当时我以为自己愚弄了他，因为我觉得他根本不知道他正在和谁或者什么东西待在一起。

我去了医院，做完手术，周末就回家了。在我的脸逐渐膨胀起来的几个月里，唯一能够让我感到宽慰的就是阅读和写作。我每天都要连续写作好几个小时，我埋头苦读了从卡夫卡到杰基·柯林斯（Jackie Collins）的所有作品。我通常会步行去医院，哪怕有好几英里远也步行，因为我不想乘坐公共汽车，那样就会被人们凝视的目光困住。好在天气也很寒冷，所以，我可以用一条围巾把我整个头部都裹起来。但是，随着组织扩张器变得越来越大，使用这招也变得越来越难了。除了上医院和在拐角处的小商店里买吃食以外，我不再外出。我认识在那家商店工作的人，我一直在想，他们到底什么时候会问我究竟是出了什么问题。我猜想，他们肯定以为我长了一些巨型肿瘤，所以才不敢贸然地问我。

最后，我再也受不了这种礼貌的沉默了。我向商店柜台后面的那个男人将我的整个人生故事脱口而出。当系在门上的铃铛叮当响起时，我手里正拿着一瓶牛奶，让自己的整个人生故事和盘托出。走进来的是一个浑身上下画满文身的男人。我说到一半停了下来，盯着他看。他在购物的中途也停下来，盯着我看。一只美洲狮越过他的脸颊，伸向他的鼻子，鼻子上面还长着一棵树，树干沿着他的鼻梁向上延伸，接着又在他的额头上生长得一派繁茂。他身上甚至连一英寸自然肤色都没有：他的耳朵、脖子和手上，都覆盖着郁郁葱葱的丛林场景和半裸的女人形象，她们的乳房被贝壳遮掩住了。

不知什么缘故，我为他感到异常难过。我们终于不再互相凝视了，我付了我的牛奶钱，他买了一包香烟，我们一同走出了商店，在拐角处走上了两条不同的路。就像小时候一样，我靠着想象人们远在柬埔寨的生活也能对自己有所帮助，当我走在苏格兰这座阴暗小城海边的街道上时，我明确地知晓，我生活在卡夫卡会自豪地写下的那一类故事中。

组织扩张器的一个好处是，你戴上它时看起来非常糟糕，所以，当它最终被移除时，无论看起来是什么样子，你都会感觉要好一些。我做了移植手术和一些修复手术。到那年夏天结束，是的，甚至连我自己都不得不承认，我看起来好多了。但我看起来不像我自己。有些东西出错了：这就是我苦苦等待了十八年，做了将近三十次手术后得到的那张脸吗？我没办法将我在镜子里看到的那个形象与我认为自己所是的那个人对应起来。我仍然觉得自己很丑陋；不仅如此，我就是无法想象这个形象真的是我。我以前就熟悉这种感觉，但那还是在我的脸"未完成"修复手术的时候，那时，我的下巴上仍然有个很大的凹陷。住在苏格兰的三年里，我经历了十二次手术；最后，芬顿医生对我也无计可施了。还要做一些小手术，但大部分手术都已经完结了。所以，就是目前这样子了吗？这怎么可能呢？即使人们向我确认，现在这张就是我的脸了，即便人们向我表示祝贺，我还是感觉自己好像被人误当作了他人。镜子里的那个人是个冒牌货——为什么其他人都看不到这一点呢？

我能想到的唯一解决办法，就是停止照镜子、不去观看。这并不容易做到。我们自己的形象简直是无处不在！我从不怀疑这一点。我成了一个研究反射图像的专家，我了解它耍的无数花招和把戏，它会随时从一块玻璃桌面、一个抛光良好的门把手、黑暗中的一扇窗户、一副太阳镜、一家华丽餐厅里无辜地守在收银台旁的镀铜咖啡机上突然地呈现在你眼前。我练就了一些完美的技巧，比如，刷牙不用对着镜子，打理头发时只需简单快速地梳两下，穿些容易穿戴、没有复杂层次或设计线条的衣服，那样一来，穿衣时可能都不需要照镜子，无须做任何轻微的调整。在将近一年里，我都是这样做的。

这段走向自己、接纳我的这张脸的旅程无比漫长。在做手术的间隙，由于我从祖母那里继承了一些意料之外的钱财，我游历了欧洲各国。我一直在持续写作。我回到柏林，和以前一样坐在咖啡馆里，但这次，我已经不受自己形象的干扰了，我也没有了那种"等我的脸修复好之后，我紧接着就能重新开始生活了"的念头。我感到有些空虚。我没有告诉任何人，既没有告诉我姐姐，也没有告诉我最亲密的朋友们，我已经不再照镜子了。我发现，我可以直直地凝视一面镜子，却不让镜中映像反射回我自己身上。

一些中风患者在身体抱恙时，无法认出镜子里的人是他们自己，我不像他们，我这招使用的是眼睛的技巧，我终生都在抗拒学习该如何指认镜子里那个人的名字,而这就是其结果。我的脸已经来来回回变了这么多次,以至于我从来没有时间去好好熟悉它,除了与它建立短暂一瞬的关系之外,我没有和它培养出任何别的感情。我原本认为,自己只需要等待就能获得某些特定的品质,我容易将它们归结为身体样貌之美。也许,这些品质压根就不属于我称之为美的那类事物,然而,比起承认这一点,另一种想法自然要容易得多,即认为我仍然不够美丽或不值得被爱。

没有另一场手术可以寄托我全部的希望了,在这之后,我只能完全靠我自己。如今,我内心有某种东西开始复苏,它开始想念我了。那也是一部分的我,一个一直待在那里的我自己,它本能地认识到,这个我是完整无缺的。就好像这部分的我早已知道会等待这么长时间似的,等到它周围不耐烦的喧哗声都消散而去,等到内心的其他嘈杂之音都变得疲惫不堪、声嘶力竭,它才能开口言说,而我才会开始倾听。

有一天晚上,我打算要将自己与镜子的长期分离做一了结,那时,我正坐在一家咖啡馆里,和一个我觉得富有魅力的男人聊着天。突然之间,我很想知道我在他眼中看起来会是什么样子。他到底在我身上看到了什么?我又问自己这个老掉牙的问题。然而,令人惊讶的是,这还是我生命中第一次没有冒出现成的答案。我已经很久都没有照镜子了,以至于客观上而言,连我都不知道自己长什么样子。在这个男人说话的时候，我细细打量着他。这些年以来，我一直把自己的丑陋转交给别人去评判，然后，我只能看到它以种种不同的方式给我的反馈。尽管我现在还是不太愿意承认，但是，我同伴的行为举止中透露给我的唯一迹象，却是正面积极的。

接着，我体验到了很多年前我在万圣节面具后表演时曾体会过的那种自由时刻。在我还是一个孩子时，我曾经期待过，我的自由解脱将来自换上一副全新的面孔，但现在，我了解到，它其实更来自摆脱掉一些东西，比如，摆脱掉我的自我形象。

我曾经认为，真理是永恒不变的，一旦我知晓它，一旦我看见它，它就会永远伴随着我，成为一个可以衡量其他一切事物的常数和标尺。但我现在知道了，事实并非如此，大多数的真理，本质上都是无法持存的，我们必须穷尽一生的努力，才能记住一些最为基本的东西。就此而言，社会帮不上我们什么忙。它只会一次又一次地告诉我们，我们做自己的最佳方式，就是去模仿别人、看起来像别的什么人，而这样做只会让我们自己的本真面目蒙尘，最终不可避免地将其变成一直怨恨和困扰着我们自身的幽灵。我坐在咖啡馆里，突然想到，有时候在电影和文学作品中，死者只有在得到最无可辩驳的证据——比如，他们再也看不见镜子里的自己——时，才会知道他们真的已经死掉了。这没有错，的确如此。

我感受着握在手心里杯子的温度，觉得自己这个小小的观察是个很了不起的天启。我本来想把它告诉跟我在一起的那个男人，但他眼下正沉浸在自己的纷繁思绪中，我不想打扰他。所以，我就只是好奇地盯着他身后的那扇窗户，夜色如水，窗玻璃上闪着银光，映射出整间咖啡馆的模样。现在，我很想看看，我是否能从玻璃映像中认出自己来。

致 谢

我要感谢拉德克利夫学院（Radcliffe College）的邦廷研究所（the Bunting Institute）、亚多艺术家社区协会（the Corporation of Yaddo），以及普罗温斯敦艺术工作中心（the Fine Arts Work Center in Provincetown）对本书的支持与资助。

译后记

露西·格雷利（Lucy Grealy, 1963—2002）是一名诗人和作家，她生于爱尔兰都柏林，四岁时因父亲工作调动而随全家移民美国纽约。这本《脸的自传》（*Autobiography of a Face*）是她的代表作，发表于1994年并引起轰动，书中的部分章节曾先行刊登在《哈珀杂志》《大西洋周刊》等文学刊物。格雷利的其他作品还有《电视上所见》（*As Seen on TV*，批评散文集，初版于2001年）及《羞耻》《10号病房》等发表在《巴黎评论》《泰晤士报文学增刊》上的诗歌。上大学时，格雷利就是学校里名声在外的校园诗人。《脸的自传》既是格雷利的个人回忆录，也是其生命书写（life writing）之作。全书囊括了作者人生前二十多年的经历，主要包括她的童年和青年：全家人从都柏林移民到纽约，小学时即被诊断颌骨癌（罕见的尤文氏肉瘤）以及随后多年与癌症抗争的化疗及放疗经历。这种恶性癌症的存活率极低，但格雷利却奇迹般地战胜了病魔。癌症治愈后的格雷利，却由于各种后遗症、并发症而导致面部严重畸形，为此，她在接下来的将近三十年中，进行了总计达三十八次的面部整形和移植手术，可惜都不太成功。让人惋惜的是，抗争过病魔的格雷利，最终还是卒于一场意外，去世时年仅三十九岁。

在本书中，作者一个引而不发的观点是，比起癌症病魔施加于肉体上的折磨和影响，精神上的受创其实更加难以治愈。精神受创也许是来自他人——无论同情怜悯还是揶揄讽刺，也可能是来自我们自身——对自我的不接纳，并由此而坠入私人精神上的地狱。格雷利的一生是围绕一张脸"美与丑"的不甘与抗争的一生，她毁容后畸形的"脸"让她与众不同，也因此招致了很多或恶意或无意的嘲讽。然而，我们这些身体无恙的普通人，又何尝不是如此呢？我们不是常常会因脸蛋或身材而产生容貌焦虑并不时地进行自我折磨吗？从这个意义上而言，正如书的标题所揭示，本书也是作者与她的脸达成最终和解的自剖之书，那张脸虽然不能代表她的全部和精神实质，却始终是她自己的一部分，憎恶脸的丑陋即是变相地折磨和贬抑自身。《巴尔的摩太阳报》评价本书时称，格雷利从患病毁容的表象中看出了自己内心的强大力量。虽然这是一部自传性回忆录，但格雷利的诗性笔触和哲性思辨常常引人深思，文中所探讨的其实还有人、自我、身份、自我接纳，以及他人与社会对美丑的定义和评价是如何影响到个体等一系列普遍议题。

自出版以来，本书广受大众读者和学界的好评。比如，本书受到作家伊娃·霍夫曼（Eva Hoffman）的赞誉，霍夫曼认为："《脸的自传》讲述的是世上最痛苦的主题——儿童的受难，但它同时也关乎道德勇气、成长的艰苦斗争，以及一位作家灵魂的缓慢呈现。"爱尔兰一位当代作家希内德·格利森（Sinéad Gleeson），更是在采访及著作中坦言，露西·格雷利是她的偶像，曾帮助她拥有了与病魔抗争的坚韧与勇气。另一位美国作家安·帕切特（Ann Patchett）是格雷利本硕时期的校友，她们在硕士期间亲密无间，成为彼此守望、相助的闺蜜，后者发表于2004年的《真与美》（*Truth and Beauty: A Friendship*）就是为了纪念格雷利而作。如果说本书是作者自述的生平传记的话，那么《真与美》即是第三方从另一个侧面而撰写的格雷利的传记，其主标题便来自格雷利自传中第八章的标题"Truth and Beauty"。小说家帕切特的这本非虚构作品，在出版后也曾引起一时轰动，乃至非议，主要是来自作者家人的不解和媒体方面的质疑。不过，帕切特在书中追述了两人从大学时代一直到后来格雷利去世之间的女性情谊和生活，还是能够帮助普通读者了解更多格雷利在自传中未曾言及的脆弱与苦痛。

天不假年，不管怎么说，露西都是一位严肃的诗人和作家，她善于捕捉生活中的平凡细节与微妙动人之处。露西的姐姐苏茜在英国《卫报》上发文称，格雷利是位独一无二的天才作家，她在自传中对他们父亲的刻画极为精准，作者的姐姐还认为，虽然格雷利生前经历了很多磨难，但她也比很多人都更加懂得享受生命与生活的美好，这正是作者在书中提到的"活着的狂喜"。也许，也只有生命力顽强之人才能最终战胜癌症病魔。正如安·帕切特纪念友人之作的标题中所暗含，露西·格雷利的一生，其实都在追寻着人世间的"美"与"真"。斯人已逝，她带给人间的美与真却常在，她种种的思考与感动也会一直留存下来。

在同为作家的好友帕切特眼中，"露西像她爱读的哲学巨著一样复杂"，"她最终成了你想认识的人里面最聪明的一个，阅读面最广、求知欲最强、最风趣的一个，也是跳舞最好的一个"。（引自帕切特：《剧院里最好的座位》，金晓宇译，河南大学出版社）帕切特还表示："在《脸的自传》里，露西省略了很多东西，大部分是有关她的疾病有多严酷和漫长——她生一次病就要几星期，甚至几个月——病情是多么猛烈，生活是多么无聊。她完全明白读者能忍受多少而不转过脸去。她写的故事不是她曾经必须忍受什么，她写的故事是她认为读者能够承受的故事。"诚如斯言，本书的叙述十分含蓄且隐忍克制。有位知名学者曾经说过，根据先天性情，人主要分为两种，一种是由快乐驱动的，另一种是由悲愤驱动的。前者较多会安然享受生命和生活的美好，后者常会思索人生与存在的意义。很显然，格雷利无疑属于后者。她的一辈子承受了太多的苦痛与折磨，这是我们很多未经历重大疾患的常人所难以感同身受的。作为在美国的爱尔兰移民，作者的家庭也像很多挣扎着谋生的移民家庭一样，有着很多不幸的悲剧：格雷利的父亲在她十六岁时便因胰腺炎去世，年仅五十七岁；格雷利的大哥肖恩十七岁时被诊断出精神分裂症，随后又因车祸离世；在作者去世前三个月，其母抑郁症加重，进而引发失智症，家人在举行完格雷利的葬礼前都未告知其母露西已经去世的消息……不禁令人唏嘘。如帕切特所说，格雷利在自传中坦承的痛苦只是冰山一角，是我们读者能够承受得住的那部分苦痛而已。

格雷利的文风时而像简·奥斯丁那般细腻与精准，时而又像纳博科夫那般辛辣与反讽。作者本人也是纳博科夫的拥趸，可以看出，这本自传也颇受后者的经典艺术性自传《说吧，记忆》的影响，也即，它们都不是按照普通自传的时间顺序来一一展开生平中的大小事的。作者刻画的自身形象带有几分凉薄与无情，甚至还有点自我偏执。在书中，格雷利的形象其实也不止一个，主要有写作者——成年的格雷利，和被书写的、正在成长和经历一切的格雷利，而在被书写的那个自我形象中，或如某些评论家所言，也有"勇敢的小露西"（brave little Lucy）和"可怜的小露西"（poor little Lucy）这两种形象，她们在面对不同境遇时会有不同、甚至是截然相反的反应，这让我在翻译时常常犯难，作者讨厌别人因她术后"变形"的脸而对她另眼相待，我也害怕读者会因为翻译而误解甚至"扭曲"作者的形象——或者说是此书中的"文本形象"。格雷利有她勇敢和坚强的一面，也有她无助与脆弱的一面。希望"译后"中补充的一些事实，能够加深读者对本书作者的认识和理解。

接到这本书的翻译时，正好是作者去世二十周年。我第一次邂逅这本书是在美国访学时，记得初版的那个封面偏黑白色，正中间有一位小女孩用塑料薄膜将面部全部遮挡住了，但若仔细看薄膜的话，其实能看到后面小女孩那双深邃的大眼睛。我看到书的封面后极为震惊，也因而印象深刻，希望中译本的出版也能赶上即将迎来的初版三十周年。这本自传加序曲部分不过才十三章，然而，在翻译过程中，让我鼻子发酸的时刻却不下十五回，基本上每章都有让我深受震颤的时刻。如前所及，翻译这本随笔式自传时也常常苦于词不达意，因为露西思维跳跃、想象纵横、文字的思辨性也很强，我感到很难进行地道的转化与翻译。译后常常觉得自己对中文的把握不够，敏感不足，所以，搁置了一段时间再来修改，又修改了很久。为此，我要感谢出版方汉唐阳光李占帝先生一直以来对我的信任、友善与不断鞭策。囿于时间和精力，译文还有很多不足之处，敬请大方之家及读者朋友们不吝批评指正，我的邮箱是 lilywang_nju@163.com。

眼下是个充满了不确定性的时代，似乎也是"娱乐至死"、一切追求短平快的喧嚣年代，不知道像露西那样思索生命的意义究竟还有没有意义，但愿我们大家最终都能不累于俗、不饰于物、不苟于世。最后，我还是要以帕切特书中的一段话来作结，与君共勉："整体上而言，这根本不是一本悲惨的书。露西死了，这很悲惨，尤其悲惨的是她英年早逝，但事实上，每个人的生命都会终结。生命的质量不是由它的长度决定，而是由它的深度、由它的活动和成就决定，由我们爱的能力决定。按照这些标准，露西在她的有生之年干得相当出色。她勇敢地挺过了可怕的疾病。她写了两本了不起的书。她比我认识的任何一个人都拥有更多的友谊，深沉而持久的友谊。这些成就，对于三十九年的生命来说，不算赖吧？"

译者
写于 2024 年 8 月 8 日
修改于 9 月 6 日
定稿于 12 月 18 日

南京·鼓楼

图书在版编目（CIP）数据

脸的自传 / (爱尔兰) 露西·格雷利著；汪丽译
. -- 太原：山西人民出版社，2025.8
书名原文：Autobiography of a Face
ISBN 978-7-203-13417-6

Ⅰ.①脸… Ⅱ.①露… ②汪… Ⅲ.①露西·格雷利—自传 Ⅳ.① K835.625.6

中国国家版本馆CIP数据核字（2024）第110263号

脸的自传

著　　者：	（爱尔兰）露西·格雷利
译　　者：	汪　丽
责任编辑：	孙宇欣
复　　审：	李　鑫
终　　审：	梁晋华
装帧设计：	几迟　汐和 at compus studio
出 版 者：	山西出版传媒集团·山西人民出版社
地　　址：	太原市建设南路21号
邮　　编：	030012
发行营销：	0351-4922220　4955996　4956039　4922127（传真）
天猫官网：	https://sxrmcbs.tmall.com　电话：0351-4922159
E-mail：	sxskcb@163.com　发行部 sxskcb@126.com　总编室
网　　址：	www.sxskcb.com
经 销 者：	山西出版传媒集团·山西人民出版社
承 印 厂：	北京汇林印务有限公司
开　　本：	880mm×1230mm　1/32
印　　张：	9.25
字　　数：	240千字
版　　次：	2025年8月　第1版
印　　次：	2025年8月　第1次印刷
书　　号：	ISBN 978-7-203-13417-6
定　　价：	58.00元

如有印装质量问题请与本社联系调换

著作权合同登记号：04-2024-011

Autobiography of a Face
Copyright@1994 by Lucy Grealy
This edition arranged with Witherspoon Associates
through Andrew Nurnberg Associates International Limited